REQUÊTE
AU
CONSEIL DU ROI,

Pour Mᵉ LINGUET, avocat.

Contre les arrêts du Parlement de Paris, des 29 mars & 4 février 1775.

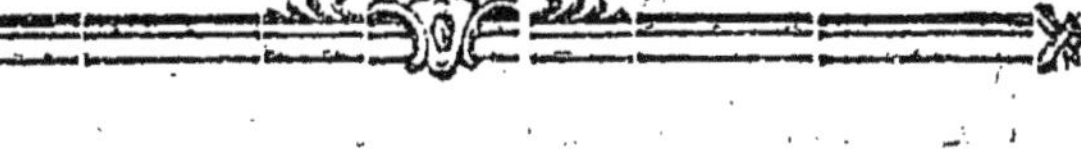

AU ROI
ET
A NOSSEIGNEURS
DE SON CONSEIL.

SIRE,

SIMON-NICOLAS-HENRI LINGUET, *avocat* au *parlement* de *Paris*, vient chercher aux pieds de VOTRE MAJESTÉ un asyle que les tribunaux lui ont refusé; il vient y réclamer l'exécution des loix établies pour assurer l'état & l'honneur des citoyens.

Une compagnie qui prétend être spécialement consacrée à l'étude des unes, & à la défense des autres, ne cesse, depuis trois ans, de l'outrager par des calomnies, de le poursuivre avec une fureur dont les particuliers les plus emportés, les moins scrupuleux dans leurs ressentimens, rougiroient. Un tribunal, institué pour réprimer la violence, pour protéger le foible, pour vérifier au moins les accusations, & ne frapper que le coupable du glaive dont la confiance de Votre Majesté l'a rendu dépositaire, a montré dans cette occasion une complaiſance, & s'eſt livré à des variations que la poſtérité refuſera de croire.

Le ſuppliant s'eſt vu, dans l'eſpace d'un mois, dégradé, réhabilité, dégradé de nouveau, ſans qu'il lui ait été poſſible ni de conſtater ſes prétendus crimes, ni d'engager la moindre diſcuſſion avec ſes prétendues parties. La même cour qui l'avait d'abord vengé d'un premier arrêt, rendu ſans l'entendre, l'a condamné immédiatement après avec auſſi peu de formalités, & a décidé enſuite qu'il n'avoit pas droit de demander à être entendu. La ſeule vérité démontrée dans cette étrange affaire, c'eſt qu'un corps acharné contre un particulier iſolé, peut impunément, avec des allégations vagues, rendre la juſtice ſourde, les loix impuiſſantes, & l'innocence, non pas douteuſe, mais inutile.

Il eſt tems enfin, SIRE, que cette oppreſſion ou cet aveuglement ceſſent. Votre Majeſté va ſe convaincre, en jetant les yeux ſur un récit très-abrégé des faits, combien eſt odieux le complot dont ils ſont la ſuite, combien il importe, à la ſûreté publique peut-être encore plus qu'aux intérêts du ſuppliant, d'y mettre un terme. L'hiſtoire offre des ſcenes plus ſanglantes : elle n'en offre pas où le ridicule & l'oubli des bienſéances aient été plus hardiment combinés avec la malignité, où la haine ait été moins jalouſe de déguiſer ſes motifs & ſes manœuvres, où elle ait montré moins de ſcrupule ſur les moyens, & plus de fureur pour le ſuccès.

Les détails dans lesquels va entrer le suppliant sont trop récens, ils ont eu trop de témoins, pour qu'on en puisse révoquer en doute l'exactitude : s'il s'en trouvoit quelques-uns qui parussent trop incroyables, trop opposés à la vraisemblance, le suppliant, SIRE, conjure Votre Majesté d'être bien convaincue que ce ne sont pas cependant encore les plus scandaleux, les plus révoltans ; il conserve des égards même dans le récit des excès que l'on s'est permis envers lui.

Ces détails peuvent avoir une double utilité. Ils peuvent produire dans le corps même *des avocats* une résipiscence salutaire. La chaleur qui leur a causé dans le tems de si terribles vertiges, étant dissipée, il n'est pas impossible qu'ils rougissent de leur conduite, en la voyant retracée dans ce miroir fidele. Mais si l'esprit de corps, la malheureuse impuissance des compagnies, pour retourner en arriere, les rendoit inaccessibles à la honte & au repentir, au moins ce tableau historique aidera Votre Majesté à apprécier leurs procédés ; elle y apprendra comment on se comporte dans ce qu'on appelle *l'ordre des avocats* du parlement de *Paris*, & si c'est des résolutions qu'on y prend, que les tribunaux doivent faire dépendre le sort des *citoyens*.

Car c'est un citoyen, SIRE, qui réclame ici les loix sociales, celles de l'honneur, de la justice, violées en sa personne ; il ne peut trop le redire, parce que ses juges ont paru trop l'oublier jusqu'ici.

§. I.

FAITS.

Le suppliant, engagé dans la carriere du barreau à un âge où il est difficile de se plier à l'exemple, à 28 ans, y a porté ce qu'il a cru que cette profession exigeoit, un attachement scrupuleux aux loix de l'honnêteté, une aversion invincible pour tous ces ménagemens trop communs qui résultent de *l'esprit de corps*, & qui placent les égards pour la *confraternité* au-dessus même du respect pour les *devoirs*; enfin une passion ardente pour la vérité, & un desir non moins ardent de voir triompher l'innocence, quand une fois ses intérêts lui étoient confiés. De ces dispositions malheureusement trop éprouvées par les circonstances depuis la défense du sieur duc d'A. qui l'a en quelque sorte introduit au barreau, jusqu'à celle du comte de Morangiés, par laquelle il en est sorti, sont nées pour lui des traverses, des infortunes, des opprobres sans fin. C'est sur-tout en 1773 que cet ascendant malin a commencé à agir avec plus de violence.

Une grande révolution & ses suites sembloient alors autoriser dans tous les corps des mouvemens convulsifs, & justifier la licence, sur-tout dans ceux qui avoient paru jusques-là jouir de plus de *liberté*. Il n'y en avoit aucun à qui ce droit délicat eût jamais semblé appartenir avec plus de plénitude que l'ordre des *avocats*. Ce qui étoit resté de ses membres au *barreau* se sentit de l'agitation commune. Le suppliant se comportoit avec la loyauté de l'ancien tems ; il ne tarda pas à être la victime de la dégénération du nouveau. Treize avocats convoqués clandestinement chez l'un d'entr'eux (*), & pressés par des intérets divers, arrèterent dans cette assemblée sans pouvoir, de dépouiller le suppliant de ses fonctions : le tribunal existant alors, parut les appuyer. Après une longue patience, & des efforts inutiles, le suppliant publia un mémoire intitulé : *Réflexions pour Me. Linguet, avocat de la comtesse de Bethune.* Il le joint à la présente requête.

Assurément si jamais ouvrage a été nécessaire, c'est celui-là ; s'il y a jamais eu un moment où une justification authentique ait dû paroître légitime, c'est celui où des particuliers attroupés sans caractere, sans autorité quelconque, s'arrogeoient le droit de prononcer au nom d'une compagnie qui mettoit sa gloire à ne pas exister,

(*) Le suppliant joint à la présente requête une lettre du sieur Gerbier, qui prouve que cette prétendue assemblée, tenue chez lui, ne devoit être que de quatre ou cinq personnes, & que le nombre en a été frauduleusement augmenté ; d'ailleurs ce ne devoit être qu'une conférence d'amis, & l'on en a fait un tribunal suprême. Le sieur Gerbier ne s'est jamais justifié, ne se justifiera jamais sur cet article.

une exclusion ignominieuse, contre un des membres de cette compagnie, & prétendoient forcer une femme d'un nom illustre, à ôter ou donner sa confiance au gré de leur caprice, ou même de leurs intérêts. Il n'y avoit rien de plus dangereux, rien qui dût attirer davantage l'animadversion des loix & de leurs ministres.

Cependant par des manœuvres, des complots, des vengeances dont Votre Majesté verra également le récit, mais bien abrégé, bien affoibli dans le plaidoyer prononcé en la grand'chambre, les 4 & 11 janvier 1775, & dans *les observations* sur un mémoire ayant pour titre *mémoire pour Me. Gerbier ancien avocat*, aussi jointes à la présente requête, le parlement rendit le 11 février 1774, sur la requête du sieur *Vergès*, avocat général, arrêt qui rayoit le suppliant du *tableau des avocats de Paris*, comme ayant donné un écrit *injurieux* à *l'ordre de ces avocats*.

Dès le lendemain 12, le *feu roi*, aïeul de Votre Majesté, par arrêt de son *conseil des dépêches*, voulut bien *surseoir à* l'exécution de celui du *parlement*; mais bientôt on enleva au suppliant le fruit de ce commencement de justice. Le 20 du même mois il reçut du sieur *duc de la Vrilliere* une lettre ministérielle qui détruisoit l'effet de l'arrêt du 12.

Toujours respectueux, toujours soumis, toujours décidé à ne rien faire, même pour sa justification, qui ne fût d'accord avec l'obéisſance qu'un ſujet dans une monarchie doit à l'autorité, même ſurpriſe, le ſuppliant s'eſt interdit, dès le moment, toute autre démarche que des ſollicitations. Elles l'ont conduit du mois de février 1774, juſqu'en novembre de la même année, ſans autre fruit que des déſagrémens ſans fin, des efforts ſans ſuccès, des dépenſes ſans bornes. A cette époque, il ne lui avoit pas été poſſible encore de faire, il ne dit pas admettre, mais même lire ſa requête à qui que ce fût.

Alors une nouvelle révolution s'eſt opérée. Le palais a été repeuplé de ſes anciens magiſtrats, le ſuppliant s'eſt préſenté. Il a été accueilli. Il a prononcé le plaidoyer cité ci-deſſus: le 11 janvier 1775 eſt intervenu, ſur les concluſions du ſieur *Séguier*, arrêt qui le reçoit oppoſant à l'arrêt ſur requête du ſieur *Vergès*, & annulle *tout ce qui l'a précédé & ſuivi.*

Ce prononcé, SIRE, étoit relatif à un bien étrange incident, ſurvenu depuis que l'audience avoit été accordée au ſuppliant. Quelques *avocats* tumultuairement aſſemblés le 22 décembre 1774 ſous le nom *de députés de* l'ORDRE, avoient de nouveau par proviſion *rayé* le ſuppliant du *tableau*, tandis qu'il étoit ſous la ſauve-garde du *parlement*, avant que ſon affaire fût jugée. Le *bâtonnier* lui avoit communiqué par écrit leurs raiſons. Il s'étoit préſenté devant eux pour ſe juſtifier. On avoit refuſé de l'entendre, avec des circonſtances vraiment révoltantes. Il s'en étoit plaint à l'audience. Il avoit discuté devant les juges les griefs donnés pour motifs à la provision du 22 décembre. C'étoit cette prétendue délibération provisoire que le *parlement* avoit voulu anéantir, en déclarant *nul* tout ce qui avoit *suivi* l'arrêt du 11 février 1774 au préjudice du suppliant, & en effet il n'avoit été *suivi* de rien autre chose.

Les *députés* des *avocats* se crurent en droit de méconnoître cette partie de l'arrêt : ils n'en prétendirent pas moins avoir le droit de juger ce que la cour avoit décidé. Le suppliant ne se refusa pas à cette vexation dont il respectoit encore les agens. Il eut a essuyer, avant que d'être entendu, plusieurs scenes indignes d'une compagnie distinguée par une réputation de sagesse & de vertu. Enfin le 26 janvier on voulût bien l'écouter.

Il comparut à une assemblée *des députés* : il s'attendoit à n'avoir à répondre que sur les griefs qui avoient paru motiver la délibération provisoire du 22 décembre. Quelle fut sa surprise de voir qu'il n'en étoit plus question, qu'on n'en rappelloit pas un seul, & qu'on ne lui opposoit que des délits absolument nouveaux !

Il demanda qu'on voulût bien les constater par écrit, comme les premiers. On le refusa ; à peine voulut-on lui permettre de les écrire lui-même. Ils étoient tout à la fois si ridicules & si faux, la méchanceté qui les avait compilés étoit ſi odieuſe, que ſes ennemis craignoient de les voir conſignés d'une maniere ineffaçable.

Il auroit pu demander du tems pour préparer ſes réponſes; mais il étoit ſi ſûr de ſon cœur, il comptoit ſi fortement ſur l'intégrité de ſes juges, & ſur leurs lumieres, qu'il répondit ſur-le-champ, ſans déplacer. Il détruiſit toutes les allégations, dont pluſieurs auroient pu attirer à leurs auteurs un procès plus ſérieux que celui qu'ils prétendoient juger.

Tel étoit un interrogatoire que deux députés, les ſieurs *le Maſſon* & *Legouvé*, avoient été faire ſubir au ſieur duc d'A. ſur le compte de ſon défenſeur; telles les ſollicitations, les inſtances faites par ces ambaſſadeurs pour ne pas revenir les mains vuides; telle cette déclaration faite par eux à l'homme de qualité qui devoit rougir de leur propoſition, que s'il s'obſtinoit à ne pas parler, ſon *ſilence paſſeroit à leurs yeux & à ceux de leurs commettans pour une preuve* contre le ſuppliant; tel enfin le rapport ſcrupuleuſement fait par eux de ce ſilence, & l'accueil fait par les commettans au réſultat d'une commiſſion ſi ingénieuſement remplie: ſcene unique peut-être dans l'hiſtoire, ſcene inconcevable en tous ſens. Car enfin, que ces députés euſſent accueilli les plaintes du ſieur duc d'A. contre le ſuppliant, s'il en avoit formé, après les rapports qu'il y avoit eu néceſſairement entr'eux, ç'auroit été déjà une bien étrange procédure: mais que des juges deſcendiſſent de leur tribunal pour aller provoquer une délation qu'on ne leur apportoit pas ; que ſur le refus de l'accuſateur prétendu de parler, ils lui déclaraſſent qu'ils prenoient ſon *ſilence* pour un *aveu*, & que cette inculpation d'un genre nouveau, apportée à l'aſſemblée, y parût une preuve convaincante, capable de faire perdre à un citoyen ſon état & ſon honneur, c'eſt ce que le moins pirrhonien des hommes refuſeroit de croire, & c'eſt cependant ce qui eſt arrivé le 26 janvier, chez les *députés* de l'ORDRE des *avocats* du *parlement* de *Paris.*

Les réponſes du ſuppliant furent énergiques, reſpectueuſes, convaincantes. Le réſultat de l'aſſemblée n'en fut pas moins un arrêté qui perſiſtoit dans la radiation du 22 décembre, annullée par un arrêt.

L'uſage, SIRE, car Votre Majeſté voudra bien ſe rappeller que tout ce que le ſuppliant appelle ici *aſſemblée*, *députés*, *délibérations*, *jugemens des avocats*, n'eſt fondé que ſur une tolérance dont on ne peut pas rendre de raiſon, ſur une diſcipline, très-peu ancienne même, qui a ſans ceſſe varié, & varie encore tous les jours : cet uſage donc, au moins depuis trente ans, eſt qu'un avocat *rayé* du *tableau* par les *députés*, a le droit d'en appeller à une *aſſemblée générale* de *l'ordre.* Le ſuppliant ſignifia au *bâtonnier* cette eſpece d'appel, le *bâtonnier* refuſa *devant témoins* d'y déférer.

Ce déni de juſtice, contraire même aux regles que les *avocats* ſe ſont faites, ne laiſſoit au ſuppliant d'autre reſſource qu'un appel légal aux tribunaux. Il avoit un intérêt très-preſſant pour le hâter. Il étoit chargé de plaider une cauſe importante. Cette cauſe étoit au rôle. Les manœuvres dont Votre Majeſté a pu voir le récit dans les *réflexions*, avoient déjà fait perdre une année aux parties. Le temple de la juſtice ſe fermoit pour elles dès qu'elles s'en approchoient par le miniſtere du ſuppliant. On ſe préparoit à leur faire eſſuyer la même injuſtice, ou à renouveller pour lui le même affront. Dans cette circonſtance il prit le ſeul parti qui lui reſtât : il ſe pourvut par requête au *parlement*, contre la délibération des *avocats*, & demanda par le miniſtere d'un procureur la permiſſion d'aſſigner cette compagnie.

Une fois en cauſe avec elle, il crut être obligé d'inſtruire les juges. Le *parlement* venoit de réhabiliter ſon mémoire intitulé *réflexions*, où il démaſquoit la cabale qui avoit une premiere fois ſurpris la juſtice dans la *même affaire*, dans les *mêmes circonſtances*, pour le *même objet*, entre les *mêmes parties*. Le ſuppliant crut ſe conformer aux intentions de cette compagnie, en donnant à ſon nouveau mémoire le même titre qu'au premier, en faiſant de l'un la continuation de l'autre. Il le publia donc le 30 janvier, ſous le nom de *ſupplément aux réflexions*, qu'il joint auſſi à la préſente requête.

Trois jours après, le 3 février, on tint cette même aſſemblée qu'on avoit refuſée, & dont le refus avoit néceſſité la publicité du *ſupplément*.

Le ſcandale, l'atrocité y furent au comble.

Le ſuppliant avoit été inſtruit que depuis le 26 on n'avoit ceſſé de tenir des *aſſemblées particulieres*, où l'on avoit arrêté le plan de ſa perte, qui devoit ſe conſommer à l'*aſſemblée générale.* Il avoit la preuve qu'on n'épargnoit ni reproches, ni menaces, ni ſéductions de tout genre, pour écarter de cette aſſemblée les hommes honnêtes qui s'annonçoient avec l'intention d'y venir pour être inſtruits, pour diſcuter à fond les griefs & les réponſes. Il ſavoit qu'on oſoit, dans le public, rendre ſuſpecte la fidélité de ſon *ſupplément*, qu'on l'accuſoit d'avoir *affoibli* & même *ſupprimé* les objections. Cette licence étoit le fruit de la coutume inouie de ne *rien écrire* dans une procédure criminelle, dont on fait dépendre l'état d'un citoyen: coutume contre laquelle il s'étoit ſoulevé dans le *ſupplément*, & dont ce qui ſe paſſoit alors à ſon égard démontroit le danger.

Quel parti prendre pour impoſer ſilence à ces détracteurs, pour conſtater une bonne fois les inculpations & la défenſe? Celui que les cours autoriſent par leur exemple, & les loix par une injonction préciſe, d'avoir le public pour témoin de ſa diſcuſſion, de plaider ſa cauſe devant ſes juges en préſence de l'auditoire que la curioſité, ou l'intérêt en ſa faveur pourroient attirer. Mille raiſons juſtifioient ce parti: elles ſont détaillées dans l'imprimé intitulé *diſcours deſtiné à être prononcé dans l'aſſemblée des avocats le 3 février 1775*, qui eſt auſſi annexé à la préſente requête.

On ne voulut ni lui laiſſer la conſolation de le prononcer en public, ni lui rendre la juſtice de l'entendre en particulier : après des excès qu'on devoit moins redouter dans une aſſemblée d'avocats que dans toute autre, & dont les témoins oculaires impartiaux doutent eux-mêmes aujourd'hui, tant ils ſont étranges, on le traîna dans l'aſſemblée, où il frémit de ſe voir entouré d'ennemis qui ne prenoient pas même la peine de cacher leur acharnement. Il demanda à récuſer les plus emportés, ceux dont la fureur faiſoit rougir les eſprits foibles même, qu'elle ſubjuguoit ; on lui répondit, & ce fut le bâtonnier, *qu'on verroit cela quand il ſeroit jugé.*

Il demanda du tems pour ſe préparer & réfléchir ſes réponſes, puiſqu'on lui faiſoit des crimes de tout ; on lui répliqua *qu'il falloit répondre ſur-le-champ.*

Il demanda les griefs : le *bâtonnier* l'en inſtruiſit.

S'il avoit été bien ſurpris de voir qu'à l'aſſemblée du 26 janvier il n'avoit plus été queſtion d'un ſeul de ceux du 22 décembre, quel dut être ſon étonnement, SIRE, en voyant qu'à celle du 3 février tous ceux du 26 ſe trouvoient évanouis à leur tour ! Cette troiſieme ſéance ſe réduiſoit non pas à des imputations, mais à trois demandes que voici :

1°. „ Êtes-vous l'auteur de la requête au

„ parlement contre la communauté des avo-
„ cats, &c?

2°. „ Êtes-vous celui du *ſupplément aux réfle-
„ xions ?*

3°. „ Vous croyez-vous ſuffiſamment juſti-
„ fié par ce mémoire?

Quelles que puſſent être les réponſes à ces trois interpellations, elles ne pouvoient ni devenir des crimes, ni en établir. Une requête à la cour, une requête qui n'avoit pas même été répondue, ne pouvoit être un délit. Tout ce qui en réſultoit, c'eſt que la connoiſſance qu'en avoient les juges leur interdiſoit la faculté de juger le ſuppliant.

Quant au *mémoire*, il étoit abſurde de lui demander s'il le croyoit ſuffiſant à ſa juſtification, dès qu'on ne lui oppoſoit aucun nouveau grief; mais par cela même on contractoit l'engagement de l'entendre, s'il le déclaroit inſuffiſant; & cette déclaration que les juges exigeoient, ne pouvoit pas ſans doute être un délit.

Comme il lui importoit d'acquérir la preuve que c'étoit à cela que ſe réduiſoient les inculpations du jour, il ſe renferma dans ſa réponſe précédente, il ſe reſtreignit à la néceſſité de faire droit ſur ſes récuſations avant tout, de lui accorder un délai, & de conſtater ſa juſtification par écrit; ou de l'entendre devant les témoins amenés pour la conſtater.

On s'écria que c'étoit une révolte. On le jugea ſans l'avoir entendu, ſans avoir rien articulé de nouveau, ſans avoir rien vérifié, rien examiné ; on le déclara non pas *coupable*, mais *rayé*.

Tous les faits précédens, SIRE, n'ont peut-être rien d'étonnant de la part d'une aſſemblée ſans regle, ſans loix, où l'émotion des eſprits portée à ſon comble devoit naturellement rendre la foibleſſe plus craintive & la fureur plus hardie ; mais voici ce qui peut vraiment occaſionner de la ſurpriſe & de la douleur.

Le lendemain de cette aſſemblée incendiaire, dont le ſuppliant vient de rendre compte à V. M. le *bâtonnier* nommé *Lambon* ſe préſenta au parlement, à la tête d'une prétendue députation d'*avocats*. Ennemi perſonnel & de tout tems du ſuppliant, authentiquement récuſé par lui la veille, & n'en ayant pas moins perſiſté à le juger, il ſaiſit avec délices une ſi belle matiere à ſa vengeance. Il dénonça le ſuppliant, au nom des *avocats*, comme un *citoyen dangereux*, comme un *ſujet rebelle*, comme un *écrivain impie*, comme un *avocat prévaricateur*. Voici les propres termes de la dénonciation imprimée en tête de l'arrêt qui ſuivit :

„ Le ſieur Linguet s'eſt fait *un principe de*
„ *n'en reconnoître aucun*. Il a attaqué, dans ſes
„ écrits, le *droit naturel*, celui des *gouvernemens*,
„ le *droit public du royaume*, le *droit eccléſiaſtique*
„ & les *loix civiles*. Dans les *défenſes des parties*
„ *il a violé les regles de la modération, de la dé-*
„ *cence & de l'honnêteté*, &c. De plus, le ſieur *Lam-*

bon, dans la même dénonciation, osoit altérer les faits de la veille, & présenter comme une révolte de la part du suppliant cette scene honteuse, où ce n'étoit pas celui-ci à beaucoup près qui avoit joué le rôle scandaleux.

Des accusations aussi graves méritoient d'être approfondies. Le sieur *Séguier* le même jour, au même instant, *sans examen*, *dans des conclusions* CONCERTÉES ET RÉDIGÉES A LA HATE (ce sont ses termes dans le réquisitoire aussi imprimé en suite de la dénonciation), déclara qu'il les adoptoit, parce que ceux qui les *présentoient avoient de tout tems mérité la confiance de la cour;* il ajouta que, quand le passé ne suffiroit pas pour motiver l'exclusion du suppliant, on ne pourroit pas davantage le conserver *dans un corps dont il ne* MANQUEROIT *pas de troubler l'union.*

D'après les calomnies criminelles du sieur *Lambon* & les craintes prévoyantes du sieur *Séguier*, est intervenu le 4 février 1775 contre le suppliant, arrêt dans les *mêmes termes*, motivé par les *mêmes raisons*, portant la *même peine*, & ce qu'il y a de singulier, le *même mois* de l'année que celui du 11 février 1774, contre les *réflexions* qui venoient d'être consacrées.

Le suppliant, douloureusement affecté de cette contradiction, se flatta cependant qu'un tribunal aussi sage en sentiroit bientôt l'injustice & l'irrégularité. L'expérience lui indiquoit la marche qu'il avoit à tenir. Il présenta sa re-

quête

quête en *opposition*; il obtint audience, mais *à huis clos*. Le public fut alors exclus des plaidoiries.

Quelqu'humiliant, quelque dangereux que fût ce mystere, jetté sur une cause qui n'en étoit pas susceptible, le suppliant se soumit. C'étoient sur-tout ses juges qu'il vouloit convaincre. Il plaida devant eux dans l'obscurité où ils vouloient se renfermer. Le sieur Séguier porta encore la parole : il conclut à un *interlocutoire*, tendant à connoître les griefs des *avocats*, afin que la cour pût en juger. Mais du moins il rendit hautement hommage à ces axiomes éternels de raison, de justice, consacrés par les loix : il reconnut qu'*aucun corps ne pouvoit disposer arbitrairement du sort de ses membres, qu'il n'appartient qu'aux tribunaux d'insliger des peines, & que la radiation du tableau étant une peine, un arrêt qui la prononçoit sur requête étoit nécessairement susceptible d'opposition.*

Sur ces conclusions, le 4 mars est intervenu un arrêt interlocutoire, que le suppliant ne peut pas mettre sous les yeux de Votre Majesté : il ne lui a jamais été possible d'en avoir d'expédition, quoiqu'étant partie ce fût une grande injustice de la lui refuser. Ce qu'il sait, d'après ce qui a été prononcé à l'audience, c'est que cet arrêt *enjoignoit aux avocats de s'assembler le jeudi 9 mars, de lui proposer leurs griefs, d'entendre ses réponses, pour, sur le compte qui en seroit rendu par le sieur procureur-général du roi, être par la cour ordonné ce qu'il appartiendroit.*

Cet arrêt excita de violens débats parmi les avocats. Ils prétendirent que leur discipline étoit violée, leur souveraineté sur leurs membres altérée, leur corporation en danger. Ils s'assemblerent le dimanche 6, à leur bibliotheque ; les partis les plus violens furent proposés ; on vouloit s'interdire toutes fonctions : on vouloit cesser de communiquer avec le sieur Séguier (*) ; l'assemblée & la résolution furent remises au lendemain lundi soir. Dans l'intervalle un arrêté particulier du parlement détruisit, ou du moins éluda l'arrêt de la veille. Cette cour prononça secrétement qu'elle n'avoit pas entendu par son arrêt public *déroger à la discipline des avocats.*

Cette rétractation, quel qu'en fût l'objet, étoit d'un triste présage pour le suppliant ; la retraite du sieur Séguier le confirma : ce magistrat alarmé, non sans raison, se démit volontairement de ses fonctions, devenues redoutables. Elles tomberent au sieur Barentin, qui s'en chargea.

L'arrêt ainsi corrigé ne trouva plus d'obstacles. Les *avocats* croyant y voir plutôt un encouragement qu'un frein pour les complots

(*) Il n'est pas inutile d'observer que M. d'Aguesseau, le célebre d'Aguesseau, étant avocat-général, fut frappé pendant deux ans de cette excommunication par les avocats. Les magistrats qui ont sacrifié le suppliant à la tyrannie de cet *ordre* prétendu, n'ont pas assez réfléchi aux suites de leur condescendance.

qu'ils appelloient leur *discipline*, s'empresserent de l'exécuter. Au lieu d'une assemblée, il y en eut deux, à la premiere desquelles on a en effet communiqué des griefs au suppliant, mais toujours sans *vouloir écrire* ni les demandes ni les réponses : ce qui étoit manifestement contraire à l'esprit de l'arrêt du 4 mars, mais conforme à l'arrêté du lendemain ; & ce qu'il y a de plus étrange, c'est que, ce principe de ne rien écrire, les avocats s'en étoient dispensés. On avoit rédigé les griefs sur un papier. Le bâtonnier les tenoit à la main, il les lut au suppliant ; & quand celui-ci demanda d'en prendre copie, non seulement on la lui refusa, mais on l'empêcha de les écrire lui-même dans l'assemblée ; il fut obligé de les emporter de mémoire, le tout, disoit-on, pour obéir à *la discipline de l'ordre*.

Ces griefs étoient absurdes comme les précédens, & encore nouveaux en partie. Le suppliant les détruisit comme les autres. La seconde assemblée ayant duré jusqu'à dix heures du soir, le 16 mars, le suppliant qui en attendoit l'issue dans une salle voisine, fut fort surpris d'apprendre qu'elle étoit dissoute sans qu'on lui eût rien communiqué du résultat. Tout le monde s'étoit écoulé par une porte opposée.

Il lui restoit la ressource du parlement : il l'employa. L'audience définitive fut fixée au 24 mars : & comme il s'étoit encore passé dans cet intervalle des faits incroyables, comme il est important que Votre Majesté soit bien certaine qu'ils n'ont été ni ignorés ni contestés, le suppliant, SIRE, va copier ici littéralement le court plaidoyer qu'il a eu l'honneur de prononcer ce jour-là au parlement.

„ Est-il donc décidé, messieurs, que chaque „ fois que je paroîtrai devant vous, j'aurai de „ nouvelles douleurs à vous confier, & de nou„ veaux excès à vous dénoncer?

„ Le 4 de ce mois, avant l'arrêt interlocu„ toire qui a paru faire dépendre mon sort du „ repentir, ou de la fureur obstinée de mes en„ nemis, j'ai osé vous représenter que cette „ condescendance de votre part, ne feroit „ qu'accroître leur audace; qu'ils interpréte„ roient votre espece d'incertitude entr'eux & „ la justice, comme une foiblesse, & qu'après „ vous avoir vus balancer, ils vous forceroient „ bientôt à reculer.

„ C'est, messieurs, ce qui n'a pas manqué „ d'arriver; mes parties devenues, ou s'ima„ ginant être devenues mes juges, ont signalé „ leur animosité par des détails dont il faudra „ bien que vous soyez instruits: mais avant „ tout, messieurs, il faut que vous m'assu„ riez la faculté de vous en instruire. Leur der„ nier attentat, mais non pas le plus criminel, „ c'est d'avoir essayé de me l'ôter. Je me suis „ jusqu'ici présenté assisté de Me. Moynat con„ nu, messieurs, de la plupart de vous, & ap„ précié comme un des plus honnêtes hommes, „ des plus éclairés que son état ait produits.

„ Il me ſeconde bien moins en qualité de
„ procureur que d'ami. Dix ans de ſervices de
„ ſa part lui aſſurent de la mienne une éternelle
„ reconnoiſſance. Il a été mon guide, mon
„ pere depuis mon entrée au palais; c'eſt lui
„ qui a fixé & dirigé mes pas dans cette carriere
„ douloureuſe, où ſon cœur a partagé tous les
„ orages que j'ai eu à eſſuyer. Si j'y ai acquis
„ quelque honneur, c'eſt à lui, à ſes conſeils,
„ à ſes ſecours, que j'en ſuis redevable.

„ D'autres hommes que mes adverſaires au-
„ roient eſtimé, reſpecté ce généreux attache-
„ ment qui ſe fortifioit par mes adverſités; au
„ moins ne lui auroient-ils pas fait un crime
„ de remplir en faveur de ſon pupille un miniſ-
„ tere légal; d'avoir fait pour ſon ami inno-
„ cent, dans la plus honnête des cauſes, ce que
„ la juſtice pouvoit l'obliger de faire tous les
„ jours pour le dernier des criminels dans les
„ procès même dont l'attitude menaçante de
„ ſon glaive annonnceroit déjà l'iſſue.

„ Mais les regles qui conduiſent les autres
„ hommes ne ſont pas à l'uſage de mes adver-
„ ſaires : ils n'ont pas craint de prononcer con-
„ tre Me. Moynat une excluſion; ils l'ont obli-
„ gé de ſe retirer du *banc* (*) que la coutume

(*) Les avocats & procureurs ſe raſſemblent au palais à ce qu'on appelle les *bancs* ; c'eſt une boutique de libraire qu'ils prennent à leur choix pour ſervir de rendez-vous; ce ſont autant de petites aſſociations

„ du palais & vingt ans l'autorisoient à partager avec eux. Les libraires ; à qui le terrein de ce rendez-vous commun appartient, nommés *Regnard* & *Demonville*, ont été forcés, après huit jours de résistance, de lui faire la signification de cet étrange arrêté.

„ Ce n'est pas tout, messieurs, il a été proposé, & avec beaucoup de chaleur, dans les assemblées, de défendre à tout individu, honoré ici du nom d'avocat, de se charger à l'avenir de ses causes. A la vérité, on n'a pas encore pris de délibération à ce sujet : on attend que ma perte soit consommée, & alors on se flatte de ne pas trouver d'obstacle à la proscription de ce citoyen honnête, prononcée pourquoi, & par qui !...

„ Mais il y a, messieurs, quelque chose de plus encore, s'il est possible. J'ai un frere, & un frere dont la jeunesse garantit l'innocence. Nouvellement admis par vous au serment d'avocat, il n'a point porté les armes dans cette milice réprouvée, où mon malheur & les circonstances m'ont engagé. Inconnu jusqu'ici, il n'a contre lui, ni efforts, ni succès qui aient averti la haine & réveillé la

particulieres qui, sur-tout chez les avocats, font des parties essentielles de la grande confédération générale. L'ordre souvent s'assemble par bancs. Les bancs nomment des députés qui représentent l'ordre ; un affront reçu d'un banc est donc reellement avoué d'une partie considérable de l'ordre.

„ calomnie. Sa ſeule faute eſt de n'avoir pas été
„ inſtruit par mon exemple, & de s'etre flatté,
„ en portant mon nom, d'échapper au ſiffle-
„ ment des couleuvres que ce nom ſeul met
„ en fureur.

„ Il expie, meſſieurs, cette faute de l'impru-
„ dence. L'anathême qui frappe Me. Moynat,
„ s'eſt étendu juſqu'à lui. Le libraire a reçu
„ l'ordre de lui faire la même notification ; &
„ à ſon égard elle eſt encore plus inconcevable,
„ plus dangereuſe, qu'à l'égard du procureur.

„ Celui-ci a ſa charge, ſon titre, qu'on ne
„ peut pas lui enlever : mais un avocat n'a d'au-
„ tre exiſtence que l'inſcription ſur le tableau,
„ ou l'eſpoir de cette inſcription : comme elle
„ ne peut avoir lieu qu'autant que le récipien-
„ daire eſt attaché à un banc, l'excluſion du
„ banc eſt une excluſion anticipée du tableau ;
„ ainſi voilà mon frere, uniquement parce
„ qu'il eſt mon frere, ſoumis à une flétriſſure
„ qui n'a pas même été précédée d'aucune ap-
„ parence de forme, comme celle dont on me
„ menace, & qui par-là eſt encore plus cri-
„ minelle. (*)

„ Obſervez, je vous ſupplie, meſſieurs, que

(*) On a paru depuis la dénonciation de cette manœuvre en rougir : le frere du ſuppliant ne ſemble pas exclus. On a viſé ſa matricule ; on le ſouffre au palais.
Mais il a *quatre ans* à paſſer avant que de pouvoir ſonger au tableau ; & qui ſait l'accueil qu'on lui réſerve à
cette époque, ſur-tout ſi le ſuppliant ne réuſſiſſoit
pas dans ſa demande actuelle !

„ ce banc ombrageux, cette terre promiſe où „ les croyans ſeuls ſont admis, n'eſt pas le „ mien, mais celui du bâtonnier. C'eſt là le „ foyer d'où partent les exhalaiſons meurtrie- „ res & ſubtiles qui produiſent dans le palais „ un ſi audacieux délire.

„ Juſqu'à quand de pareils excès ſeront-ils „ donc impunis, tolérés, encouragés même en „ quelque ſorte par votre ſilence? Juſqu'ici ce „ ſont leurs membres ſeuls que les avocats „ avoient paru prétendre juger. Quand dans „ ce fatal ouvrage, que les vérités ſur-tout dont „ il eſt rempli ont fait paroître redoutable, j'ai „ oſé dire, en parlant des injuſtices, des af- „ fronts que l'on faiſoit dévorer à la comteſſe „ de Béthune, *que le deſpotiſme des avocats s'é- „ tendoit ſur tous les ordres de citoyens*, ai-je „ donc avancé une aſſertion haſardée?

„ Quoi! les ſimples liaiſons du cœur ou du „ ſang avec l'homme qu'ils veulent perdre, de- „ viendront des crimes qu'ils auront droit de „ punir! Non-ſeulement ils auront celui de „ preſcrire aux citoyens par quelles mains ils „ pourront être défendus; mais ils ſeront au- „ toriſés à frapper, à déshonorer celles qui prê- „ teroient leur ſecours pour obtenir la réfor- „ me légale de leurs mépriſes! Eh! ne voyez- „ vous pas, meſſieurs, juſqu'où cela peut aller?

„ N'eſt-ce pas là dans toute ſon étendue, & „ ſous la même forme, cette excommunica- „ tion, autrefois ſi redoutable, dont on s'eſt

„ permis dans des tems d'ignorance d'abuser si
„ cruellement? Et les avocats, au dix-huitieme
„ siecle, aquerroient un privilege dont le cler-
„ gé lui-même, éclairé par le progrès des
„ mœurs, par le développement des vrais prin-
„ cipes de la religion, a restreint l'usage dans
„ ses propres mains, parce qu'il en a senti le
„ danger!

„ Que dis-je, ils l'acquerroient: eh, mes-
„ sieurs, si vous ne vous hâtez d'y mettre obsta-
„ cle, ils l'ont acquis: ils en jouissent: sans
„ vous en douter, peut-être vous y êtes sou-
„ mis vous-mêmes; & le premier parlement
„ de France, la cour des pairs, est une des
„ principales portions du domaine que l'ordre
„ des avocats s'attribue sur tout ce qui occupe
„ un rang dans l'ordre politique.

„ Faites-vous rendre compte, messieurs, de
„ ce qui s'est passé dans leurs assemblées des 5
„ & 6 de ce mois; & vous saurez en quels ter-
„ mes on a mis en question, non pas s'il falloit
„ obéir aux arrêts, mais si vous aviez le droit
„ d'en rendre; vous saurez à combien de voix
„ il a tenu qu'on ne vous punît par une inter-
„ diction de celui du 4 de ce mois, & qu'on
„ ne vous forçât d'expier, par une suspension
„ de vos pouvoirs, la prétendue atteinte por-
„ tée par vous aux privileges de l'ordre.

„ Votre sort, messieurs, a été balancé, &
„ dans ce conseil des Titans, le repos de l'O-
„ lympe a dépendu de sept voix; sept voix de

„ plus vous étiez compris dans l'anathême con-
„ tagieux qui n'a encore frappé que la comtesse
„ de Béthune, mon procureur, & mon frere.

„ Mais je me trompe : ses atteintes ont été
„ plus loin ; il est déjà plus proche de vous que
„ vous ne le croyez peut-être : le changement
„ arrivé d'une audience à l'autre dans la per-
„ sonne du magistrat chargé d'y exercer les
„ fonctions du ministere public, n'est-il pas
„ une preuve sensible de ses effets ?

„ Celui qui a osé, en provoquant l'interlocu-
„ toire, annoncer qu'il ne croyoit pas l'ordre
„ des avocats infaillible, se retire & m'aban-
„ donne à leurs fureurs ; celui qui lui succede
„ n'a pas pu, en se chargeant de ce funeste hé-
„ ritage, ignorer les menaces, les dangers mê-
„ me qui y sont attachés. Il va se trouver au-
„ jourd'hui, ou exposé, en continuant de sou-
„ tenir l'innocence en ma personne, aux désa-
„ grémens, aux périls que l'on préparoit à son
„ collegue, ou forcé d'acheter son repos, en
„ m'abandonnant à mes implacables persécu-
„ teurs.

„ La dignité de MM. les avocats-généraux
„ les défendra peut-être de ces complots sé-
„ ditieux. Votre majesté à vous, messieurs,
„ vous éleve au-dessus des craintes que pour-
„ roient exciter ces émeutes scandaleuses. Le
„ soleil continue d'éclairer, d'animer la nature,
„ sans s'inquiéter s'il y a dans un coin de l'uni-
„ vers quelqu'impie qui révoque en doute son

„ existence; il ne le punit qu'en l'inondant de „ ses rayons, & c'est à ses bienfaits que le blas„ phémateur qui l'outrage doit encore la vie.

„ Mais mon procureur, messieurs, ne peut „ pas avoir cette sécurité, parce qu'il n'a pas „ cette ressource. Il ne met ni prix ni condition „ aux secours qu'il me prodigue : mais puis„ qu'il y a tant de dangers attachés à la défense „ de la justice en ma personne, ce seroit me „ montrer peu digne de sa générosité que de „ l'accepter. C'est un pere de famille comptable „ à ses enfans, à ses cliens, de son ministere; „ donnez-lui donc un titre qui empêche l'ami„ tié de lui devenir funeste.

„ Assisté de lui, je vous supplie avant tout, „ messieurs, de vouloir bien l'autoriser spécia„ lement, ou tel autre procureur qu'il plaira à la „ cour, si elle le juge à propos, à me continuer „ ses secours, & à signer mes requêtes & mes „ conclusions. Quel que soit celui sur qui tom„ bera votre choix, j'ose me flatter qu'on n'o„ sera plus lui faire un crime d'un emploi dont „ vous-même l'aurez chargé. „

(*La cour, après avoir été aux voix, a autorisé le suppliant à continuer de plaider avec le même procureur, & il a repris ainsi.*)

„ Certain, messieurs, d'avoir désormais un „ moyen légal pour vous faire connoître mes „ défenses, il ne me reste plus qu'un embar„ ras, c'est de savoir sur quoi elles doivent por„ ter. Attaqué par un fantôme qui a, comme

„ j'ai eu l'honneur de vous le dire à la derniere „ audience, la terrible propriété de se consoli- „ der quand il veut faire le mal, & d'échap- „ per jusqu'ici à toute espece de puissance quand „ on veut le contraindre à le réparer : non seu- „ lement j'ignore sur quoi je dois me justifier; „ mais il ne m'est pas possible de constater moi- „ même de quoi l'on a pu feindre de m'accuser.

„ C'est là pourtant aujourd'hui à quoi se ré- „ duit la cause. Avant votre arrêt interlocu- „ toire du 4, il ne s'agissoit que de mon opposi- „ tion pure & simple. Mais il n'en est plus quest- „ tion aujourd'hui. Il est impossible de la rejet- „ ter. M. l'avocat général Séguier a bien voulu „ s'expliquer sur cet objet de la maniere la plus „ nette & la plus précise. Il vous a prouvé, „ comme j'ai essayé de le faire, que puisqu'il „ s'agissoit d'une peine, de la privation de l'état „ d'un citoyen, il avoit été impossible de le con- „ damner définitivement sans l'entendre, & „ qu'il étoit toujours recevable à former son „ opposition.

„ Le motif qui a suspendu ses conclusions, „ c'est d'une part la nature des griefs accumu- „ lés contre moi dans la terrible dénonciation „ du 3 février, souscrite du bâtonnier des avo- „ cats, & de l'autre l'articulation précise faite „ par moi, qu'aucun de ces griefs ne m'avoit „ été objecté le 3 février, & que de plus je n'a- „ vois pas été entendu même sur ceux que l'on „ m'avoit proposés.

„ C'eſt là ; meſſieurs, ce qui l'a décidé, ainſi
„ que vous, étant tous d'accord ſur la forme,
„ à vouloir, avant faire droit, connoître le
„ fond. Et en effet, pourquoi anéantir un juge-
„ ment qu'on auroit peut-être, en me ſuppo-
„ ſant coupable, été forcé de renouveller l'inſ-
„ tant d'après ? Pourquoi me réhabiliter tout
„ d'un coup, ſi l'on avoit à craindre d'être forcé
„ d'en venir à une ſeconde dégradation ?

„ Cette eſpece de précipitation en bien auroit
„ cependant peut-être été juſte, puiſqu'elle
„ avoit eu lieu en mal ; il n'auroit peut-être
„ pas fallu attendre plus de formalités pour me
„ rendre mon état, qu'on n'en avoit exigé
„ pour me l'enlever.

„ Mais, meſſieurs, je ſais trop que tel eſt le
„ ſort de la condition humaine. Il ne faut
„ qu'une minute, un coup, pour priver un être
„ de ſon exiſtence : il faut des mois entiers de
„ ſoins, de peines, pour la lui conſerver. A cet
„ égard je ne me plains pas d'être homme : avec
„ des juges tels que vous, le jour de la guéri-
„ ſon peut dédommager de celui de la bleſſure.

„ Mais c'eſt préciſément de cette guériſon
„ radicale qu'il s'agit ici. Vous avez voulu
„ connoître le fond même des griefs que l'on
„ m'imputoit, & le vœu de l'ordre qui ſem-
„ bloit les adopter. Ce vœu & ces griefs, il
„ faut qu'ils me ſoient communiqués d'une
„ maniere authentique, l'un pour le vérifier,
„ les autres pour les diſcuter, puiſqu'enfin

„ c'eſt de là que va dépendre mon ſort. Et cependant, meſſieurs, je ne connois pas plus les premiers que le ſecond.

„ Une obſcurité impénétrable couvre encore „ pour moi ce myſtere, qui ne peut, ſans la „ plus révoltante injuſtice, en être toujours un.

„ Vous avez ordonné que l'aſſemblée des „ avocats ſe tiendroit, que j'y paroîtrois ſeul, „ que j'entendrois les accuſations, que j'y ré„pondrois, & que ſur le compte qui en ſeroit „ rendu, il ſeroit par M. le procureur général „ requis, & par vous ordonné ce qu'il appar„tiendroit. Voilà, meſſieurs, le texte ſacré de „ votre oracle du 4. J'y ai obéi dans tout ce qui „ a dépendu de moi; j'ai écouté, j'ai répondu; „ j'ai voulu conſtater les accuſations, les écri„res: on me l'a refuſé: on a refuſé même de me „ les laiſſer copier: il a fallu les emporter de mé„moire (*); on a perſiſté à ſoutenir que c'é„toit là un des privileges inviolables de l'or„dre. Pour m'y conformer, pour n'être pas ac„cuſé d'y déroger, de les violer, je n'ai rien écrit „ de ma défenſe; de ſorte que tout ce qui exiſte „ aujourd'hui entre l'ordre & moi, eſt une par„faite nullité, tant de reproches que de juſti„fications.

„ Je me ſuis retiré vers M. l'avocat général,

(*) Y a-t-il jamais eu rien de plus ridicule ou de plus atroce? Quel eſt le but de cette attention à ne laiſſer aucune trace de ce qu'eux-mêmes ecrivent?

„ jusqu'ici ma seule partie ; je l'ai prié de me „ communiquer ce qu'il pouvoit savoir de mes „ crimes & de mon jugement : il m'a protesté „ qu'il n'en savoit rien, qu'il n'avoit rien à me „ dire, & qu'il ne parleroit même que sur ce „ que je dirois.

„ Mais moi, messieurs, je n'ai rien à dire „ non plus : à mon égard, les choses sont dans „ les mêmes termes qu'avant l'arrêt interlocu- „ toire. S'il est arrivé quelque changement, „ c'est à mes parties, à mes accusateurs, à en „ informer la justice, afin que je la désabuse, „ s'ils lui en imposent dans le compte qu'ils lui „ en rendront.

„ L'impuissance où nous nous trouvons M. „ l'avocat général & moi, de nous expliquer, „ est un jeu qui seroit ridicule dans toute autre „ conjoncture, mais qui prend dans celle-ci un „ caractere affreux & terrible, quand on pense „ qu'il s'agit du sort, de la vie, de l'honneur „ d'un citoyen, & que d'autres citoyens ses „ égaux veulent contraindre la justice à lui in- „ terdire jusqu'au droit de respirer l'air, sans „ vouloir même s'ouvrir sur les motifs qui les „ déterminent.

„ Messieurs, il faut que cette absurdité bar- „ bare cesse : quand par votre arrêt vous m'a- „ vez renvoyé aux avocats, vous avez préten- „ du, ou les constituer mes juges, ou constater „ les accusations qu'ils intentoient contre moi, „ & le vœu qui en étoit la suite.

„ Dans le premier cas, ce n'eſt qu'une ſen-
„ tence qu'ils auroient pu rendre : il faut d'a-
„ près les loix que les motifs en ſoient dévelop-
„ pés pour que vous puiſſiez les apprécier, &
„ qu'elle me ſoit connue pour que je puiſſe en
„ appeller & la diſcuter.

„ Dans le ſecond il faut à plus forte raiſon
„ que les griefs me ſoient communiqués d'une
„ maniere authentique & irrévocable, afin que
„ je puiſſe les combattre.

„ Je ſupplie donc M. l'avocat-général de
„ vouloir, de concert avec moi, convenir des
„ points de la cauſe. Je les réduis à trois. De
„ quoi m'accuſent les avocats? Les avocats
„ m'ont-ils jugé? Comment les avocats m'ont-
„ ils jugé? Il m'eſt impoſſible de m'expliquer
„ tant qu'il n'y aura pas quelque choſe de conſ-
„ tant ſur ces trois points, & même de prendre
„ aucunes concluſions.

„ C'eſt ſur les faits que l'on m'objectera qu'il
„ faut que je les dirige ; & avant tout il faut les
„ connoître ces faits.

„ Cela eſt d'autant plus indiſpenſable ici,
„ meſſieurs, que pluſieurs de ces reproches
„ ſuppoſent des délits contre l'ordre public, des
„ attentats qui me rendroient criminel de leſe-
„ majeſté, tel que celui d'avoir attaqué la loi
„ *fondamentale* (*), conſigné dans la dénoncia-

(*) Ce mot eſt remarquable. C'eſt la *loi fondamentale* du royaume, que le ſuppliant a attaquée, ſuivant le

„ tion

„ tion du bâtonnier, & renouvellée à l'assem-
„ blée du 9 de ce mois.

„ D'autres me dénoncent à vous, messieurs,
„ au gouvernement, au public, comme l'en-
„ nemi de toutes les loix & de toutes les mains
„ employées à les maintenir.

„ D'autres compromettent des personnes
„ étrangeres, que mes égards pour elles & mon
„ respect pour moi-même m'auroient fait desi-
„ rer d'écarter de la cause, telles que M. le duc
„ d'Aiguillon. J'ai multiplié mes efforts dans mes
„ visites particulieres, dans les assemblées gé-
„ nérales, pour faire sentir aux avocats que le
„ rôle de ce duc & pair, mon ancien client,
„ appellé par eux pour déposer contre moi,
„ tourneroit toujours à ma gloire & à leur con-
„ fusion; que s'il parloit pour me nuire, il se
„ déshonoreroit; que s'il se taisoit dans la même
„ espérance, son rôle n'en seroit que plus hu-
„ miliant, & que dans un cas comme dans l'au-
„ tre, eux se couvriroient toujours de honte
„ en profitant, soit de ses déclarations, soit
„ de son silence, même en me supposant cou-
„ pable; & que si au contraire je me trouvois

bâtonnier: mais n'y a-t-il donc, suivant le *bâtonnier* des *avocats de Paris*, qu'une loi *fondamentale* en *France?* quelle est cette *loi?* Si c'est, comme on n'en sauroit guere douter, l'ordre de la succession à la couronne, au moins le suppliant n'a pas attaqué celle-là: on peut voir ce qu'il en dit dans la *Rép. aux doct. modernes.*

„ innocent, si ce n'étoit pas de moi que ve„ noient les mauvais procédés; si... j'en di„ rois peut-être trop; mais qu'enfin dans le „ dernier cas ils me procureroient un trop beau „ triomphe, en me forçant à donner des éclair„ cissemens.

„ Les avocats n'en ont pas moins persisté à „ comprendre, pour la troisieme fois, ce grief „ dans l'énumération qu'ils m'en ont lue le 9. „ Me Cellier, chef du conseil de M. le duc d'Ai„ guillon, s'est même élevé à l'assemblée avec une „ véritable fureur: il a déclaré à haute voix que „ ma conduite envers cet ancien ministre, mé„ ritoit seule une radiation honteuse, qu'il en „ avoit la preuve: je vous observe seulement, „ messieurs, qu'il ne l'a pas donnnée cette „ preuve; il s'est contenté d'une assertion ver„ bale.

„ On a été dans l'assemblée jusqu'à oser dire „ que j'avois abusé des secrets que M. le duc „ d'Aiguillon m'avoit confiés, pour le menacer „ de le perdre, s'il ne satisfaisoit à ma cupidité.

„ Il faut bien savoir si l'ordre persistera à sou„ tenir ce grief qui paroît un de ceux auquels „ il se confie le plus. Alors, malgré la répu„ gnance de mon cœur à révéler des secrets qui „ le déchirent, mais que la délicatesse m'a jus„ qu'ici obligé d'y renfermer, il faudroit, mes„ sieurs, vous prendre pour confidens, pour „ dépositaires de la conduite de M. le duc d'Ai„ guillon envers moi, & de la mienne envers

„ lui. Tous les ſacrifices que je lui ai faits, ne „ ſont pas connus : je le répete, ce ſera un beau „ jour pour moi, que celui où la rage de mes „ ennemis me forcera de les révéler.

„ Au reſte, meſſieurs, il ne ſera jamais, il „ ne pourra jamais être queſtion d'affaires d'é- „ tat dans celle-là, j'en fais la déclaration ex- „ preſſe : il s'agira des procédés de l'homme, „ & non pas des ſecrets du miniſtre, pas même „ des confidences du client. Les torts que je „ reprocherois à M. le duc d'Aiguillon ſeroient „ ceux dont un étranger auroit droit de ſe plain- „ dre, & dont peut-être on auroit rougi de lui „ en donner l'occaſion.

„ J'éviterai tant que je le pourrai cette diſ- „ cuſſion cruelle, quelque néceſſaire qu'elle „ ſoit à mon honneur, à mon repos, à ma for- „ tune peut-être; avant de m'y engager, il faut „ donc que je ſache ce que M. l'avocat-général „ entend m'oppoſer.

„ Il en eſt de même des privileges de l'*ordre* : „ on me fait un crime de les avoir compromis : „ il faut ſpécifier en quoi ; il faut dénombrer „ ces attaques, ces atteintes meurtrieres de ma „ part ; c'eſt encore un objet ſur lequel M. l'a- „ vocat-général ne peut me laiſſer dans l'incer- „ titude : s'il n'avoit rien à me dire qui pût à cet „ égard fixer mes doutes, je ſerois forcé de don- „ ner à mes concluſions toute l'étendue dont „ elles ſeroient ſuſceptibles, & ce n'eſt plus „ alors moi qu'il faudroit rendre reſponſable „ des ſuites de la diſcuſſion „.

Cette demande, SIRE, n'avoit rien que de juste, rien que de légal, rien que de parfaitement régulier. Cependant le sieur *Barentin* refusa de s'expliquer. Le parlement ordonna au suppliant de prendre ses conclusions, & il les prit telles qu'elles avoient été consignées subsidiairement dans la requête du 24 mars. Il va également les remettre sous les yeux de Votre Majesté, parce qu'aucuns des faits qu'elle contient n'ayant été niés, elle devient un monument précieux de la régularité de la conduite du suppliant.

„ A ce qu'il plût à notredite cour : attendu, „ 1°. que ledit Linguet s'étant rendu, en exécution dudit arrêt, à ladite assemblée des avocats, on a refusé de lui donner par écrit les griefs qui ont été proposés, *quoiqu'on les eut écrits pour les lui lire*, & que le bâtonnier en tînt une *minute à la main*; qu'on lui a refusé même *de les lui laisser écrire dans l'assemblée*. 2°. Que sur tous ceux qui lui ont été proposés il s'est pleinement justifié, puisqu'il n'y a eu aucune question en sa présence. 3°. Que ledit Linguet étant resté pendant la délibération & jusqu'à dix heures du soir à la porte de la grand'chambre, où se tenoit ladite assemblée, les avocats se sont tous retirés par une autre porte à son insu; de sorte qu'il n'a été informé du résultat, ni verbalement par aucun d'eux, ni par écrit par le bâtonnier. 4°. Que notre avocat-général, devant lequel ledit Linguet s'est retiré, lui a déclaré qu'il ne lui

» a été rendu aucun compte qu'il pût lui com-
» muniquer, & l'a autorisé à plaider qu'il *n'a-*
» *voit rien à lui dire :* ayant égard à la demande
» introductive dudit Linguet, le recevoir op-
» posant à l'exécution de l'arrêt du 4 février
» dernier ; & où notredite cour feroit quant à
» présent quelque difficulté, ce qu'il n'estimoit
» pas, en ce cas, comme ledit bâtonnier a in-
» sisté principalement dans ladite assemblée sur
» le prétendu grief résultant des atteintes por-
» tées par ledit Linguet aux privileges de l'*or-*
» *dre*, & de sa correspondance particuliere,
» personnelle & secrete avec le duc d'Aiguil-
» lon : comme il est notoire que l'ordre des
» avocats, par ses députés, s'est immiscé dans
» cette correspondance ; que ce ne peut être que
» d'après cette démarche qu'ils ont osé dire,
» dans la dénonciation du 4 février, que ledit
» Linguet avoit violé, dans la défense des par-
» ties, *les regles de l'honnêteté ;* & qu'ils ont pré-
» tendu depuis que de leurs conférences clan-
» destines avec le duc d'Aiguillon, il résultoit
» une preuve négative des mauvais procédés
» dudit Linguet : continuer la cause à un mois,
» pendant lequel tems lui permettre de faire
» assigner & mettre en cause, aux risques, pé-
» rils & fortune de l'ordre des avocats, ledit
» duc d'Aiguillon pour voir donner acte audit
» Linguet de la dénonciation qu'il lui faisoit
» de ladite inculpation ; à ce qu'il eût à la faire
» cesser ; comme aussi lui permettre de faire assi-

„ gner dans les délais de l'ordonnance, l'ordre
„ des avocats en la personne du bâtonnier
„ d'une part, pour s'expliquer, soit sur le nom-
„ bre & la nature des griefs qui ont été com-
„ muniqués verbalement le 9 dudit mois, soit
„ sur la nature des privileges de l'ordre, que
„ ledit Linguet étoit accusé d'avoir violés, &c.

Jamais peut-être, SIRE, aucun plaideur ne s'est comporté avec plus de régularité, de circonspection. La nécessité seule avoit forcé le suppliant à demander la permission d'assigner les avocats & le sieur duc d'Aiguillon. Il étoit impossible, en apparence, de trouver dans son procédé, rien qui donnât la moindre prise à la critique, rien qui ne fût parfaitement conforme à ce que la justice la plus stricte, la délicatesse la plus scrupuleuse pouvoient exiger.

Ce jour là, 24, le magistrat constitué sa partie, ne voulut pas parler. Mais le 29 il parut enfin, & prononça un long discours, dont le fonds présentoit les maximes le plus directement opposées à celles que son collegue avoit invinciblement établies le 4 mars précédent.

Il regarda l'interlocutoire de ce jour là, comme non avenu; il devoit rendre compte des griefs des avocats, & des réponses du suppliant: ce n'étoit que sur ces débats que la cour avoit à prononcer: il ne l'instruisit que du résultat de l'assemblée. Il soutint que ce résultat étoit une décision irréfragable, *que les avocats de Paris avoient le droit de disposer arbitrairement du sort de leurs confreres, ſans rendre compte de leurs raiſons ; qu'aucun tribunal n'avoit celui de s'immiſcer dans leur juriſdiction, & de leur demander les motifs de leurs ſentences ; que la radiation du tableau n'étoit ni une peine, ni un déshonneur, mais ſeulement un avis au public, qu'un tel avocat était déſormais indigne de ſa confiance* (ce ſont, SIRE, ſes propres termes), & *que par conſéquent le ſuppliant étoit* NON RECEVABLE *dans ſon oppoſition.*

Quant aux demandes ſubſidiaires, il les repréſenta comme un délit inoui, comme un attentat contre toutes les loix de l'honneur, & même de la prudence ; il alla juſqu'à affirmer que le fait de *l'honnêteté violée par lettres envers le ſieur duc d'Aiguillon, étoit conſtant ; qu'il en avoit vu la preuve ; que c'étoit de la part du ſuppliant une audace inconcevable d'oſer provoquer la manifeſtation d'un monument qui devoit le couvrir d'opprobre.* Ce ſont encore ſes termes.

Le ſuppliant ſe leva, à cette inculpation cruelle qui devenoit un nouveau procès : il conjura les juges de lui accorder une remiſe, pour lui procurer le moyen de produire ſous leurs yeux ces pieces même dont on leur donnoit une ſi affreuſe idée. On n'a pas voulu lui accorder une minute. Il s'eſt retiré, en proteſtant contre tout ce qui alloit ſe paſſer, & à l'inſtant a été rendu l'arrêt par lequel il eſt déclaré *non recevable, tant dans ſon oppoſition que dans les demandes portées dans ſes requêtes ;* les requêtes elles-mêmes condamnées à être *biffées*, défenſes faites *à tout procureur d'en ſigner à l'avenir de ſemblables, & à tout huiſſier de les ſignifier, à peine d'interdiction.*

Tels ſont les faits, SIRE ; le ſuppliant ſe ſoumet aux peines les plus graves, s'il y en a un ſeul qui ne ſoit pas de la plus minutieuſe exactitude. C'eſt par cette hardieſſe à méconnoître les loix poſitives les plus ſacrées, qu'on l'a pouſſé aux pieds de la loi vivante ; c'eſt par cet enchaînement inconcevable de contradictions & d'injuſtices, qu'on lui a fait une néceſſité d'implorer la protection directe du trône : mais comme la ſingularité ne l'abandonne dans aucune des circonſtances de ſa vie, avant de prouver que cette protection *lui eſt due*, il eſt forcé d'établir qu'il *y a droit*, & qu'il n'a pas la malheureuſe propriété d'être le ſeul homme au monde envers qui il ſoit permis de violer toutes les regles.

On lui en a ôté l'appui au *parlement*, en perſuadant à cette compagnie qu'en le *rayant* du *tableau*, elle jugeoit une affaire de *littérature* (*). On veut eſſayer d'enchaîner le conſeil de Votre Majeſté, en repréſentant l'arrêt du parlement comme une affaire de *police*, de *diſcipline* ; & ces arrêts-là, dit-on, ne ſont pas ſuſceptibles de *caſſation*.

Si le ſuppliant n'étoit pas accoutumé à voir les vérités les plus claires s'obſcurcir, & les meilleurs eſprits s'aveugler, quand il eſt queſ-

(*) Voyez les repréſentations au roi, imprimées à Bruxelles, page 9 & ſuivantes.

tion de lui, il croiroit faire injure au conseil de Votre Majesté, en discutant sérieusement devant elle une pareille objection : mais il est de sa destinée d'avoir sans cesse à combattre, quelquefois même infructueusement, les préventions les plus absurdes, & à démontrer, souvent avec aussi peu de succès, les vérités les plus triviales.

Il va donc prouver en forme, puisqu'il le faut, que l'arrêt du 29 mars n'est pas à l'abri de l'inspection de Votre Majesté ; & que si les loix y sont violées, il peut être cassé comme un autre.

§. II.

L'arrêt du 29 mars n'est pas d'une nature qui interdise au conseil la faculté de le casser.

QU'EST-CE que la cassation ? C'est une ressource que le législateur a ménagée à la justice, contre les surprises des hommes appellés à l'administrer en dernier ressort. Il a fixé lui-même les conditions qui en modifieroient l'usage. Il a établi qu'on ne pourroit y recourir que quand les loix seroient enfreintes. Mais il n'a pas mis d'exception à ce principe général. Dès que les ordonnances n'ont pas été suivies, le jugement peut & doit être annullé. Pour savoir si cette maxime est applicable ou non aux matieres de *police* & de *discipline*, il ne s'agit donc que de savoir si dans les matieres de *police* & de *disci-*

pline il n'y a point de loix, ou ſi les juges y ſont infaillibles. Voilà, SIRE, à quoi ſe réduit la queſtion.

Les arrêts en matiere de *police*, ſont ſi peu à l'abri des réviſions & des réformes, que l'article XXXIV du titre 35 de l'ordonnance de 1667 les comprend littéralement parmi ceux contre leſquels on peut ſe pourvoir par la *requête civile.* Le législateur, ſource de tous les pouvoirs judiciaires, a-t-il entendu ſe priver du droit d'anéantir des déciſions que les juges même dont elles émanent peuvent rétracter?

La raiſon ici ſe joint à la loi : on peut attaquer par la caſſation un arrêt qui ôte la jouiſſance d'un *champ*, d'un *contrat*, d'un *titre ;* & celui qui enleve, au mépris des régles, *l'état* & *l'honneur* à un innocent, deviendroit ſacré, dès qu'on diroit, *c'eſt une affaire de police?* L'omiſſion d'une forme, l'altération d'une piece, la mépriſe ou l'oubli d'un ſubalterne, ſont l'écueil d'un arrêt, même équitable ; & le mépris de toutes les formes, la complaiſance pour des calomnies, les violences les plus criminelles faites aux loix elles-mêmes, & à leurs dépoſitaires, feroient couvertes, garanties, dès qu'on pourroit jeter en avant un fantôme de diſcipline?

Eh! la *diſcipline*, *la police* ne ſont-elles donc pas les moyens d'entretenir l'ordre? Peuvent-elles jamais devenir des ſauve-gardes pour les attentats qui le troublent? Sont-ce donc les mots ou les choſes qui doivent déterminer le ſort des citoyens?

Il y a plus, SIRE; les mots ici ne font pas plus que les choses, en faveur du système craintif que le suppliant combat. Il n'y a dans son procès, *ni police, ni discipline*. Tout est méprise dans cette étrange affaire, & il y en a encore ici une révoltante. Qu'est-ce qu'un réglement de *police* ou de *discipline*? C'est un statut général, émané de l'autorité, qui intime des permissions, ou des défenses, & déclare *à l'avenir* innocent ou coupable quiconque fera ce qui est désormais prohibé, ou adopté. Or, est-ce là, Sire, le caractere de l'arrêt rendu contre le suppliant?

N'est-ce pas un délit privé, effectif, contre lequel les magistrats paroissent avoir voulu sévir? Il y est déclaré coupable d'avoir imprimé un mémoire *injurieux à l'ordre des avocats*, &c. & *tendant à soulever les esprits*. Ce n'est là qu'un fait particulier, un fait sujet à discussion, un fait qui peut être vrai ou faux, mais dont l'influence se borne à l'individu accusé; un fait contre lequel il n'y a encore aucune peine de prononcée; un fait qui rentre dans l'ordre des délits ordinaires, des matieres de *rixes*, d'*injures*. Qu'a-t-il de commun avec la *police & la discipline*?

Si cet arrêt, au lieu d'imputer au suppliant un écrit injurieux & incendiaire, le déclaroit coupable d'un *meurtre*, & d'une *révolte*; si le 4 mars on l'avoit condamné *sur requête*, & *sans examen*, au dernier supplice, comme ayant *aſſaſſiné un avocat*, & *excité une ſédition* dans le royaume ; que le 29 la même cour l'eût déclaré *non recevable* dans ſes efforts pour être *entendu*, croiroit-on éluder la réclamation qu'il porteroit aux pieds de Votre Majeſté, ſous prétexte que ce jugement qui le condamneroit à la mort, ſeroit une correction de *diſcipline ?* Soutiendroit-on, pour lui interdire l'accès du trône, que des juges qui envoient des citoyens à l'échafaud, ſans les entendre, font un *acte de police ?*

Voilà cependant, SIRE, au titre d'accuſation près, exactement ce qui ſe paſſe ici. Mais parce que les imputations ſont plus légeres, la rigueur doit-elle être plus irréparable? Faut-il être aſſaſſiné matériellement, comme l'infortuné *Calas*, pour être admis à demander comme lui la réformation d'un arrêt injuſte ?

Le parlement lui-même n'a pas entendu rendre un arrêt de *police*. La loi exige que dans ces matieres, il y ait *communication* des pieces aux avocats généraux ; elle l'exige même ſi impérieuſement, que le défaut de cette forme devient un moyen de *requête civile*. Or ici non-ſeulement il n'y a pas eu de *communication* au parquet ; mais le *ſieur avocat général* a ſoutenu qu'on n'en pouvoit pas exiger de la part des *avocats*, & l'on a flétri la requête où le *ſuppliant* en offroit de la ſienne. Les *avocats* ont été diſpenſés, non-ſeulement de rien prouver, mais de rien articuler. En rendant compte de leur vœu, & un compte altéré, comme Votre Majesté le verra dans le rapport fait par eux du nombre des suffrages, le magistrat qu'ils avoient trompé a attesté qu'il se seroit fait un scrupule de demander le moindre éclaircissement. Le *parlement*, en prononçant sur ses conclusions, n'a donc pas cru rendre un arrêt de *police*.

Celui du 29 mars est une décision judiciaire, qui compromet l'état & la personne du suppliant : une décision de cette espece ne peut être le résultat que d'un examen approfondi, d'une instruction guidée & maîtrisée par des formes. Tout jugement qui condamne un membre de la société, quel qu'il soit, ne peut subsister qu'autant qu'il y a un délit prouvé & jugé conformément aux loix. Tout arrêt qui n'a pas ce caractere, peut être soumis à une révision. Le suppliant a un *arrêt* contre lui : il soutient que la justice & toutes les loix y sont violées : s'il le prouve, cet arrêt doit être cassé. Or il va le prouver avec bien de la facilité.

§. III.

L'arrêt du 29 mars est contraire aux loix du royaume, en ce qu'il rejette l'opposition à un arrêt sur requête.

UNE de nos loix les plus solemnelles, une de celles qui s'observent avec le plus d'exactitude, & qui fait la base de notre procédure, c'est l'ordonnance de 1667. Jamais elle n'a été contredite plus violemment que par l'arrêt du 29 mars 1775. Elle porte, titre XXXV, art. 2: *Permettons de ſe pourvoir par ſimple requête à fin d'oppoſition, contre les arrêts & jugemens en dernier reſſort, auxquels le demandeur en requête n'aura été partie & duement appellé, & même contre ceux donnés ſur requête.* Il n'y a pas là, SIRE, d'ambiguité ni de diſtinction à imaginer : la loi n'en fait ni n'en ſouffre.

Tout arrêt rendu ſans que la partie ait été appellée, ſera ſuſceptible d'oppoſition. Certainement le ſuppliant n'avoit été ni *partie*, ni *appellé* à celui du 4 février. Quand on l'a déclaré le 29 mars *non recevable* dans l'oppoſition qu'il y avoit formée, on a donc violé la loi.

On a oſé dire au ſuppliant que cet article ne concernoit pas les arrêts rendus à la requête du *miniſtere public.* Mais ce n'eſt pas aux pieds du trône qu'on oſera préſenter, à l'appui d'un jugement auſſi irrégulier, une maxime auſſi abſurde, il y a plus, auſſi dangereuſe.

Et pourquoi donc le miniſtere public jouiroit-il de cette exception effrayante, du droit de faire flétrir l'honneur des citoyens ſans les entendre ? Quoi ! par état, par devoir, il eſt le protecteur du foible, le vengeur de l'abſent ; ſon plus bel apanage c'eſt la ſécurité que donne à toutes les claſſes ſociales la certitude d'avoir ſans ceſſe dans les tribunaux un défenſeur incorruptible, qui veille à les préſerver de l'oppreſſion : & ce miniſtere, auſſi honorable que ſacré, pourroit ſe pervertir au point de devenir un moyen ſûr de commettre l'injuſtice ſans danger!

Si en effet, SIRE, les arrêts qu'il obtient ſur requête, étoient affranchis de l'oppoſition à laquelle tous les jugemens de cette nature ſont ſoumis ſans exception, il exiſteroit donc en France une voie légale pour opprimer les citoyens. Leur état, leur honneur ne dépendroient plus de leur innocence, mais des ſurpriſes faites au parquet. C'eſt ce qui ſeroit horrible à penſer: ce ſeroit calomnier notre légiſlation que de le craindre. Par la même raiſon qu'on ne légitime pas un arrêt injuſte, en y adaptant les mots de *police*, de *diſcipline*, on ne le rend pas plus valide, en le faiſant précéder d'une *requête* du miniſtere public, dont l'accuſé n'a pas eu de connaiſſance. Le ſecond de ces prétextes autoriſeroit autant d'abus, & peut-être plus que le premier.

Ce n'eſt pas tout: non ſeulement un arrêt obtenu ſur la ſeule requête du miniſtere public eſt ſoumis à l'épreuve commune de *l'oppoſition;* mais dans ce cas ci il n'étoit pas permis au miniſtere public de le provoquer, ou du moins d'en faire uſage. Le ſuppliant étoit demandeur primitif. Sa requête, ſignée d'un officier public, avoit été miſe au greffe. Le ſieur procureur général l'avoit entre les mains. Il y avoit donc, de la part du ſuppliant, le 4 février, *procureur en cauſe.* Il y avoit eu de ſa part communication offerte

& acceptée par le ministere public. La dénonciation des avocats ne pouvoit être regardée que comme une demande récriminatoire : il falloit faire droit avant tout sur celle qui la précédoit, ou au moins sur toutes deux à la fois ; & en supposant qu'on se permît dans cette affaire, devenue contradictoire, de surprendre des *arrêts sur requête*, la loi défendoit formellement de les mettre à exécution. *Les arrêts ou sentences*, dit l'article II du titre 27 de l'ordonnance de 1667, *ne pourront être signifiés à la partie, s'ils ne l'ont été préalablement à son procureur.*

Cette injonction a précisément pour but d'empêcher les surprises du genre de celle dont se plaint le suppliant, de conserver les droits *d'opposition.* Si elle entraîne la nullité de toute procédure contraire en matiere *d'intérêt*, combien doit-elle être sacrée en matiere *d'honneur & d'état !* Il y a des exemples de la juste sévérité du parlement contre des procureurs qui avoient osé y déroger. Cette cour les a interdits. La surprise qui étoit criminelle de leur part pourroit-elle devenir légitime, parce qu'elle a des avocats pour auteurs, le ministere public pour instrument, & le suppliant pour objet ?

On ne s'est même pas borné à tenir sa requête captive ; on la tiroit de sa prison pour la confier à ses ennemis. Impuissante dans sa main pour le défendre, elle se métamorphosoit dans la leur en une arme offensive ; ils en faisoient, comme Votre Majesté l'a vu, le 3 février, une de leurs

leurs ressources contre le suppliant. Ce jour-là les avocats le proscrivoient pour l'avoir présentée ; & le 4 un arrêt le traitoit comme si elle n'avoit pas été présentée. Votre Majesté voit par quelle étrange fatalité les circonstances les plus incompatibles en apparence, se sont conciliées dès qu'il a été question d'assurer sa perte.

Il n'étoit pas permis de prononcer contre lui le 4 février un *arrêt sur requête*, dès qu'il y avoit de sa part *demande au greffe*, & *procureur en cause*. Il n'étoit pas permis de le mettre à exécution avant que de l'avoir signifié au procureur désigné ; & cela, afin que le procureur pût y former opposition. Il n'étoit donc pas permis de rejetter le 29 mars cette opposition formée à un arrêt essentiellement nul, & qui n'auroit pu avoir aucune force, quand même il n'auroit pas été attaqué.

Quoi qu'en disent les avocats, ou plutôt d'après ce qu'ils disent, l'arrêt du 4 février inflige une peine, & une peine infamante. Il tend à ôter l'état, l'honneur, à celui qui en est l'objet : il doit donc être apprécié au moins d'après les formes prescrites en matiere criminelle. Or un arrêt au criminel, rendu sur l'instruction la plus ample, & sur les conclusions les plus régulieres, mais par *contumace*, tombe par la seule représentation de l'accusé. A combien plus forte raison est-il insoutenable, s'il a été rendu non seulement en l'absence de l'accusé, mais à son insu, sans aucune instruction !

Enfin, SIRE, c'en un axiome des plus révérés dans notre juriſprudence, un axiome qui n'a jamais été violé, un axiome auquel tiennent la ſûreté, l'honneur des citoyens, qu'il n'y a point de fins de *non recevoir en matiere d'état.* La plus inconteſtable des fins *de recevoir*, au contraire, eſt le droit qu'a tout membre d'une ſociété policée, de n'etre pas condamné *ſans avoir été entendu.*

L'oppoſition eſt donc indiſpenſable; l'arrêt qui la rejette eſt donc contraire à une loi ſacrée, fondée ſur la juſtice autant que ſur le deſir de maintenir l'ordre dans les tribunaux : premiere infraction qui ne permet pas de le laiſſer ſubſiſter.

§. I V.

L'arrêt du 29 mars eſt contraire aux loix du royaume, en ce qu'il rétracte l'arrêt interlocutoire du 4 mars.

L'ARRÊT du 4 mars ordonnoit, ſur les concluſions du miniſtere public, *que le fond des querelles entre les avocats & le ſuppliant fut inſtruit :* l'arrêt du vingt-neuf mars décide ſur les concluſions du miniſtere public, *que le fond ne doit pas être inſtruit.* Le premier a donc été rétracté par le ſecond. Il l'a été ſans forme, ſans requête civile: or, c'eſt ce qui eſt formellement interdit par l'article premier du titre X X X V de l'ordonnance de

1667. C'est ce qui est plus sévérement prohibé encore par la déclaration du 21 avril 1671. *Défenses y sont faites aux cours de rétracter les arrêts en dernier ressort, & d'en changer les dispositions, par maniere d'interprétation, ou autres voies, à peine d'en répondre par les présidens & rapporteurs en leurs noms.* Il n'y a lieu là à aucun subterfuge. Le texte littéral de la loi a été violé : l'arrêt ne peut donc manquer d'être cassé.

§. V.

L'arrêt du 29 mars est contraire aux loix du royaume, en ce qu'il ôte au suppliant la ressource de la requête civile.

La requête civile est une voie de droit. Il n'y a point d'arrêt qui n'en soit susceptible, s'il renferme les moyens qui y donnent ouverture. Il n'y a point de cour qui ait le privilege de pouvoir ôter d'avance à un particulier la faculté de la revendiquer. Or, Sire, c'est ce qu'a fait l'arrêt du 29 mars. En condamnant les requêtes du suppliant à être rayées & biffées avec opprobre, *il porte des défenses très-expresses à tous procureurs de signer & présenter de pareilles requêtes à L'AVENIR, sous peine d'interdiction ; & à tous huissiers de faire de pareilles significations, sous les mêmes peines.*

On dira peut-être, comme on l'a déjà dit, que ce n'est pas précisément la requête civile qui a été prohibée par-là au suppliant, mais les requêtes tendantes à obtenir la permission d'assigner les avocats, ou le sieur duc d'Aiguillon. Mais, SIRE, cette réponse seroit encore une de ces équivoques dont l'usage a été si familier, & jusqu'à présent si funeste dans tout le cours de ce procès.

Ce sont toutes les requêtes du suppliant, tendant à faire anéantir l'arrêt du 4 février 1774, qui sont supprimées indistinctement par celui du 29 mars. Ce sont des requêtes *pareilles*, auxquelles il est défendu à tous procureurs & huissiers de prêter leur ministere. Qui d'entre eux prendra sur lui d'interpréter les dispositions d'un ordre qui leur a été nommément intimé, & de franchir des bornes que le parlement a posées? Y en aura-t-il jamais un seul assez hardi pour risquer son état, sa fortune, l'existence de sa famille, par le desir de rendre un service au suppliant?

Oui, il en existe un assez généreux pour braver ce danger. Mais le suppliant seroit indigne d'une amitié si noble, s'il en acceptoit la marque. Il est dans l'impossibilité absolue de donner à sa réclamation ce passeport indispensable : dépourvu de ce secours, il se présenteroit en vain avec son projet de requête civile; on le recevroit peut-être avec les démonstrations du regret, mais on lui répondroit par la forme qui ne permet aux tribunaux d'adopter une demande judiciaire que ſous la ſignature d'un officier public. Ainſi, éternellement ſuſpendu entre les refus des procureurs enchaînés & la bonne foi illuſoire des juges, il paſſeroit ſa vie dans ce jeu cruel, victime d'une impuiſſance illégale, & d'une pitié inſultante.

Il y a plus, SIRE, quand l'arrêt n'auroit pas littéralement fermé au ſuppliant tout accès aux voies de requête civile, elle lui ſeroit interdite par le fait. L'ordonnance veut, *à peine de nullité*, que les lettres de chancellerie, qui en ſont le préliminaire eſſentiel, ſoient accompagnées *d'un avis ſigné de deux avocats*. Or, le ſuppliant peut-il, juſqu'à l'anéantiſſement de l'arrêt du 29 mars, ſe flatter d'obtenir cet avis? Les avocats ne ſont-ils pas ſes parties? Donneront-ils leur ſuffrage à la réclamation contre un arrêt qui aſſure leur triomphe?

Votre Majeſté le voit donc, SIRE, la requête civile par le fait & par le droit eſt interdite au ſuppliant. Il ne lui reſte que la caſſation de l'arrêt, qui lui enleve une reſſource préparée ſoigneuſement par la loi; & Votre Majeſté va ſentir combien il importoit au ſuppliant de n'en être pas privé, combien il auroit lieu de ſe flatter que le parlement de Paris même s'empreſſeroit de rectifier ſa mépriſe, ſi malheureuſement cette cour ne s'en étoit pas ôté le pouvoir.

§. V I.

Que l'arrêt du 29 mars donne ouverture à tous les moyens possibles de requête civile.

QUELS sont les moyens qui donnent parmi nous ouverture à la requête civile ? L'article XXXIV du titre 35 de l'ordonnance de 1667 les fixe. C'est la *contrariété d'arrêts entre les mêmes parties, sur les mêmes moyens, en même juridiction ; c'est le défaut de communication en matiere de police aux avocats généraux ;* c'est quand les juges ont omis de *prononcer sur un chef de demande ;* c'est quand le tribunal a *adjugé plus qu'on ne lui demandoit ;* c'est quand il a été trompé par *des pieces fausses ;* quand une des parties en produit de décisives, *retenues par le fait de l'autre* ; & enfin quand il y a *un dol personnel.* Le législateur a voulu qu'un seul de ces moyens suffit pour forcer la justice à un nouvel examen ; & par une singuliere, mais bien cruelle abondance, il n'y en a pas un seul des sept que le suppliant n'ait droit d'employer.

1°. La contrariété existe : le 29 mars le suppliant étoit opposant, comme le 11 janvier, à un arrêt qui le rayoit du tableau ; il étoit dans la *même cour*, le parlement ; avec les *mêmes parties*, les gens de Votre Majesté ; il proposoit les *mêmes moyens*, l'ordonnance de 1667. Si les deux arrêts rigoureux sont absolument pareils, il faut bien que ceux qui les ont appréciés différemment soient opposés. Or, voici ceux qui raient :

Arrêt *du parlement*, de 1774.	Arrêt *du parlement*, de 1775.
Les gens du roi, Me. *Jacques Vergès* portant la parole, ont dit . . . eux retirés	Les gens du roi, Me. *Antoine-Louis Séguier* portant la parole, ont dit . . . eux retirés . . .
La cour ordonne que ledit imprimé, ayant pour titre, *réflexions pour Me. Linguet, avocat de la comtesse de Béthune, sera & demeurera supprimé, comme injurieux à l'ordre des avocats* . . . & TENDANT *à altérer l'estime due à cette profession.* Ordonne que ledit Linguet sera rayé du tableau des avocats.	La cour ordonne que ledit imprimé intitulé, Supplément aux *réflexions pour Me. Linguet, avocat de la comtesse de Béthune, sera & demeurera supprimé, comme injurieux à l'ordre des avocats* . . . & TENDANT *à soulever les esprits.* Ordonne que ledit Linguet sera rayé du tableau des avocats.

Il est impossible, comme Votre Majesté le voit, d'imaginer deux arrêts plus parfaitement pareils, plus complétement identiques. Cependant à deux mois d'intervalle, l'un a été déclaré nul, l'autre confirmé par *la même cour.*

Le ſecond moyen de requête civile qu'indique la loi, c'eſt le défaut de *communication aux avocats généraux*, en matiere de police. Il eſt conſtant qu'ici il n'y en a pas eu, & qu'on n'a pas voulu qu'il y en eût : on a dit que de la part des avocats il n'en falloit pas, on a rejetté celle que le ſuppliant offroit. Eſt-ce *matiere de police?* Il faut admettre la requête civile & caſſer l'arrêt qui l'interdit. *N'eſt-ce pas matiere de police?* Toutes les infractions aux loix, qui néceſſitent l'anéantiſſement des jugemens dans l'ordre ordinaire, reprennent donc leur force contre celui-ci.

Si l'on diſoit que le miniſtere public étoit ſeule partie, & qu'ainſi il y a eu communication de fait par la réunion en ſa perſonne de tous les intérêts contraires au ſuppliant : alors, Sire, les moyens de requête civile qui vont être développés, en acquerroient bien plus d'énergie.

3°. L'arrêt a omis un des chefs de demande, la permiſſion d'aſſigner les avocats & le ſieur duc d'Aiguillon. Comprendre ce chef dans la fin de non recevoir, ce n'eſt pas le juger. Cette fin ne peut jamais être produite que par un défaut de forme dans la procédure, ou d'intérêt dans la partie. Or, pour conſtater l'un & l'autre, il faut un examen & une diſcuſſion : il faut que cette diſcuſſion ſoit contradictoire ; il faut que la partie adverſe, à qui la demande pourroit préjudicier, la combatte : ſans cela, comment un tribunal pourroit-il prendre ſur lui de la rejetter? Si le parlement avoit entendu juger ce point le 29 mars, l'arrêt ne seroit pas contradictoire, il seroit susceptible d'opposition. S'il ne l'a pas jugé, il a donné ouverture à ce troisieme moyen de requête civile.

4°. En ce point même des requêtes il a été au-delà du vœu des parties. Personne ne demandoit que le suppliant fût déclaré *non recevable* à cet égard, bien moins encore que la requête fût ignominieusement biffée. Le sieur avocat général n'y a pas conclu : il ne pouvoit pas y conclure ; ce n'étoit pas un objet d'intérêt public, où son ministere l'autorisât à parler au nom de Votre Majesté. C'étoit une affaire privée, où il ne lui étoit pas permis d'entrer, du moins avant la discusion. Il n'étoit pas chargé des pouvoirs des avocats, ni de celui du sieur duc d'Aiguillon. Dès que ceux-ci gardoient le silence, il ne pouvoit le rompre en leur faveur. Il étoit impossible qu'il requît une flétrissure contre une demande à fin *de permission d'assigner*. Il n'en a pas blâmé les termes : en la condamnant avec opprobre, on n'a point dit que les mots en fussent *extraordinaires*, *indécens*, *énergiques*, *audacieux*, comme le réquisitoire du 4 février le dit *du supplément*. Dans le cas même où ils auroient eu tous ces vices, il auroit fallu distinguer l'expression de la chose, supprimer la requête, & permettre l'assignation. Comment se fait-il que sans conclusions contraires, sans que les avocats, ni le sieur duc d'Aiguillon ni même le ministere public le demandassent, enfin sans réquisitoire de personne, on ait jugé que le suppliant n'avoit pas eu le droit de citer les avocats & le sieur duc d'Aiguillon devant les tribunaux?

Mais voici quelque chose de bien plus étrange, SIRE : ce n'est pas seulement cette tentative réelle qui a été proscrite d'office le 29 mars : ce sont même celles qui pourroient par la suite tomber dans l'esprit du suppliant; elles ont été prévues dans le néant, déclarées criminelles avant que d'exister. Tout officier qui osera désormais, dans tout le cours de la vie du suppliant, lui prêter son ministere à cet égard, est dès aujourd'hui jugé prévaricateur & puni. Mais de quel droit, d'après quelle loi, sous quel prétexte, sur-tout à la demande de qui prétend-on lui interdire à jamais, s'il est outragé, calomnié par les avocats au nom du sieur duc d'Aiguillon, la faculté d'implorer le secours des tribunaux, pour mettre un terme à ces outrages & à ces calomnies? Comment une cour de justice a-t-elle pu se permettre d'aller au-devant même des tentatives à cet égard, & anathématiser des demandes qui ne sont point encore formées? Faut-il que, dans cette étrange cause, toutes les notions soient interverties! Faut-il que ce soient toujours des délits *futurs* dont on tienne le suppliant pour convaincu, & qui motivent les arrêts dont il est l'objet!

Le 4 février 1775, le ministere public vient demander sa perte, attendu les troubles qu'il *ne manqueroit pas* d'exciter. On la prononce ; & le 29 mars on ſupprime, on flétrit, non ſeulement celles de ſes requêtes qui exiſtent, mais celles qu'il *pourroit* préſenter un jour. Sont-ce donc des fantômes, que le glaive de la juſtice peut frapper ? Elle dont le devoir eſt d'apporter tant de circonſpection en appréciant le paſſé, peut-elle ſe permettre ſur l'avenir des ſpéculations ſi ſingulieres ? C'eſt donc livrer le ſuppliant à tout ce que la haine & la vengeance pourroient à leur tour inſpirer d'excès aux parties contre leſquelles il ne lui eſt pas permis de ſe défendre.

Si Votre Majeſté daigne ſonger que cette rigueur prophétique n'a pas été provoquée ; que perſonne n'avoit intérêt à la requérir ; qu'elle n'a en effet pas été requiſe ; qu'on a joint à une condamnation ſans cauſe un ſurcroît d'ignominie, & que des requêtes ſimples, introductives d'une demande juſte & néceſſaire, ont été flétries, comme auroient pu l'être des monumens d'un de ces délits effrayans dont il importe au bien de la ſociété d'effacer la mémoire ; elle ſe convaincra de plus en plus du tort qu'a fait au ſuppliant l'interdiction illégale & prématurée de la requête civile.

En cinquieme lieu, y a-t-il jamais eu de pieces plus fauſſes, de ſuppoſitions moins fondées, que celles qui ont rempli l'audience du 29 mars, & précédé l'arrêt ? *Les avocats de Paris*, a dit la partie publique, *ont un privilege incontestable, celui de ne reconnoître dans le monde aucune puissance; de prononcer & exécuter des arrêts de mort, sans qu'aucune autorité divine & humaine puisse, ou les réformer, ou les suspendre, ou même en demander les motifs.* Voilà, SIRE, ce qui a été articulé publiquement dans la plus auguste des cours; voilà une partie des raisons sur lesquelles l'arrêt du 29 mars est intervenu. Dans une cause où il n'y a eu d'autres pieces que de prétendus axiomes, la fausseté évidente de ces axiomes ne donne-t-elle pas lieu à ce cinquieme moyen de requête civile? Si les avocats, à l'appui de leurs chimeres, avoient produit des chartres fabriquées par la fraude, & que sur ces titres insidieux ils eussent surpris les juges, ne seroient-ils pas dans le cas de la loi? N'y sont-ils pas, quand ils ont eu recours à des principes qui ont le même caractere & le même effet?

Un des plus graves articles du même plaidoyer, ce sont les inductions tirées des lettres du suppliant au sieur duc d'Aiguillon, qu'on n'a voulu ni montrer ni voir. Il faut les mettre au rang des pieces falsifiées, puisque le magistrat chargé du ministere public a été trompé au point d'attester qu'elles contenoient ce qu'elles ne contenoient pas; puisqu'il a déclaré qu'elles doivent couvrir d'opprobre le suppliant, tandis que, si son honneur étoit réellement flétri, il ne faudroit que les publier pour lui rendre plus de gloire qu'il n'en auroit perdu. Celles dont on n'a parlé, ne sont donc pas celles que le suppliant a écrites. Ce sont donc des pieces controuvées; on a donc abusé de la confiance du magistrat; on l'a trompé, pour engager tout à la fois à rendre un compte infidele de ces pieces, dont on ne lui laissoit voir qu'une copie altérée, & à s'opposer en même tems à ce que le suppliant en obtînt la vérification.

Ce dernier fait fournit un sixieme moyen de requête civile infaillible, comme les précedens. Les lettres du suppliant au sieur duc d'Aiguillon sont incontestablement un des chefs sur lesquels a porté l'arrêt du 29 mars: les avocats en avoient fait un de leurs griefs: le suppliant avoit présenté une requête précise pour forcer le sieur duc d'Aiguillon à faire évanouir les inductions qu'on en tiroit, soit en produisant les pieces, soit en rendant hommage à la vérité. Elles ont été comprises dans les motifs des conclusions. C'est de là que l'on faisoit dépendre l'existence civile du suppliant. Elles devenoient donc *pieces essentielles* de la procédure; & cependant, non seulement on dispense le sieur duc d'Aiguillon ou les avocats de les produire, mais on arrête la main du suppliant, qui s'étendoit pour les révéler. Le ministere public insiste pour que ce secret demeure enseveli dans une obscurité meurtriere pour l'innocence: c'est donc par *son fait qu'elles ont été retenues*: il était la partie du suppliant; le sixieme moyen de requête civile est donc acquis & invincible.

Enfin, SIRE, le dernier moyen de requête civile que la loi admet, le plus efficace peut-être entre majeurs, c'est *le dol personnel.* Or, ici tout en est plein : il y a eu de la part des avocats *dól* dans l'énumération de leurs griefs, *dol* dans l'ordre sous lequel ils les ont produits, *dol* dans l'indication de leurs assemblées ; *dol* dans le compte qu'ils en ont rendu au sieur avocat général, & qu'ils ont en conséquence induit ce magistrat à en rendre à la cour. Ce dernier fait, SIRE, a été relevé sur-le-champ à l'audience le 29 mars : il n'est pas, il ne peut pas être problématique.

Pour décider plus facilement les juges à adopter la proscription du suppliant, les *avocats*, en instruisant le ministere public de leur prétendu vœu, avoient attesté que toutes les voix de l'assemblée avoient été *unanimes* pour l'exclusion ; qu'il n'y avoit pas eu un seul suffrage *pour conserver le suppliant sur le tableau sans restriction ; & qu'une seule opinion avoit été pour le conserver, en le soumettant à une épreuve.* Voilà le compte qu'en a rendu le sieur avocat général.

Le suppliant a observé sur-le-champ que ce magistrat avoit été bien mal instruit ; qu'il n'étoit pas étonnant qu'il se méprît sur les conséquences, puisqu'on lui en avoit si hardiment imposé sur les faits. Il a demandé acte de ce qu'il articuloit *que de six cents noms qui sont sur le tableau, il n'y en avoit eu que* CENT SOIXAN-

TE-SIX *à l'assemblée ; que* TRENTE-HUIT *des plus distingués s'étoient déclarés hautement en sa faveur & sans restriction ; que nombre d'hommes honnêtes s'étoient retirés en voyant la fureur & l'indécence qui régnoient dans l'assemblée ; que nombre d'autres prévoyant cet opprobre de leur corps, avoient préféré d'en gémir de loin, au danger de venir l'augmenter par l'inutilité de leurs regrets.* On n'a pu nier une seule de ces articulations : on n'en a pas moins rejetté les prieres du suppliant, qui demandoit un délai pour avoir le tems de les constater. L'arrêt n'en a pas moins été rendu avec une précipitation que l'embarras des circonstances seul peut excuser.

Votre Majesté le voit donc, SIRE : le succès de la requête civile du suppliant étoit assuré ; la disposition de l'arrêt qui la lui interdit devient donc un moyen de cassation infaillible; elle renferme une double infraction à la loi, puisqu'en consommant, contre toute équité, la perte du suppliant, elle lui enleve en même tems les ressources que la bonté prévoyante du législateur lui avoit préparées.

§. VIII.

L'arrêt du 29 mars est injuste, s'il porte en effet sur le motif seul qui y est exprimé, c'est-à-dire, *sur le* SUPPLÉMENT AUX RÉFLEXIONS.

Jusqu'à présent, SIRE, le suppliant n'a attaqué

l'arrêt du 29 mars que par la forme : il n'y a cherché que les nullités de procédure ; celles qui en nécessitant la cassation du jugement, ne garantissent pas toujours l'innocence de celui qui la sollicite, & combattent pour lui sans le justifier. Mais ici, la discussion du fond est encore plus favorable au suppliant que celle de la forme : l'équité de sa réclamation va paroître avec bien plus d'avantage encore dans ce nouveau champ.

L'arrêt du 29 mars confirme celui du 4 février. Et que porte celui du 4 février ? Que le suppliant sera *rayé du tableau ;* c'est-à-dire, privé de son état & de son honneur, autant que l'honneur d'un citoyen irréprochable dépend d'un jugement. Pourquoi ? Pour avoir composé un écrit *injurieux à l'ordre des avocats & tendant à soulever les esprits.* Voilà le délit & la peine ; le suppliant va d'abord en examiner la proportion : il discutera ensuite la nature de l'un & la justesse de l'autre.

Qu'est-ce en général qu'un avocat *rayé du tableau ?* De l'aveu des adversaires du suppliant, c'est un homme dénoncé à la société, comme *indigne de sa confiance :* c'est un homme exclus d'une espece de fonctions dont l'honnêteté est, ou semble au moins le premier caractere. C'est donc un homme noté. Il n'a désormais de droit qu'au mépris public (*), ou tout au plus qu'à sa pitié,

(*) A moins pourtant que l'injustice & la partialité

plus

plus accablante encore en quelque ſorte que le mépris. Il eſt exclus de tous les corps, & de tous les emplois, ſi ce n'eſt de ceux auxquels un cœur ſans remords & des protections puiſſantes peuvent conduire. Et quand ces effets cruels ne réſulteroient pas de toutes les *radiations* indiſtinctement, les circonſtances que les ennemis du ſuppliant ont eu l'art d'ajouter à leurs complots, devoient ici aux yeux des juges les faire paroître inévitables.

C'eſt ſon honneur, c'eſt ſon cœur, qu'ils ont attaqués. C'eſt ſa conduite, ſa délicateſſe, qu'ils ont inculpées, dans ces délations ténébreuſes où ils n'ont jamais voulu de témoins. On l'a dénoncé au public, aux juges, à l'univers, comme *s'étant fait un principe de n'en reconnoître aucun, comme ayant attaqué dans ſes écrits ce qu'il y a de plus ſacré*. Pour prouver que cette théorie chez lui ſe joignoit à la pratique, le ſieur Lambon a ajouté ſur-le-champ, qu'il avoit *violé, dans la défenſe des parties, les regles de l'honnêteté*.

Et afin que ce texte affreux fût mieux entendu du public, le jour même où le batonnier le débitoit dans la *grand'-chambre*, on en diſtribuoit dans la *grand'-ſalle* le commentaire, ſous

ne ſoient démontrées, comme ici. Le ſuppliant avoue qu'en ce cas on peut être ſacrifié ſans être flétri. Mais cette conſidération ne doit pas empêcher des magiſtrats d'être fermes & équitables.

le titre de *théorie du paradoxe ;* libelle où en transſpoſant des morceaux des ouvrages du ſuppliant, en les mutilant, en ſéparant les objections des réponſes, en dénaturant juſqu'aux mots, on s'eſt efforcé de prouver qu'il n'avoit jamais eu d'autres objets que de renverſer toutes les notions de *juſtice*, d'*honnêteté*, de *vertu*, de *loix ;* qu'il ſe faiſoit un jeu de ſoutenir indifféremment le pour & le contre ; que ſa plume vénale, autant que capricieuſe, n'avoit jamais eu d'autre idole que la vaine manie de la ſingularité, ou le délire honteux de l'intérêt. (*)

Si l'on s'eſt permis de haſarder concurremment ces diffamations effrayantes, dans des im-

(*) L'auteur de cette brochure ne s'eſt pas caché, malheureuſement pour lui : accablé de la honte dont elle l'a couvert, il a eſſayé du moins d'en ſecouer une partie, en affirmant dans une autre brochure, que perſonne n'a lue, que la premiere n'avoit pas été le fruit d'un complot avec le bâtonnier des avocats ; & la preuve, ſuivant lui, c'eſt qu'*elle étoit imprimée ſix ſemaines avant le jour où le bâtonnier a fait la dénonciation :* il n'eſt pas plus heureux dans la défenſe que dans l'attaque. Si la *théorie* n'étoit pas la gloſe du texte du ſieur *Lambon*, pourquoi avoir attendu, pour faire paroître l'une, préciſément le jour où l'autre ſe manifeſtoit ? La dénonciation du 4 février ne préſentant que des injures groſſieres, des allégations vagues, étoit un corps ſans vie & ſans action, qui ne pouvoit nuire au ſuppliant ; la *théorie du paradoxe* étoit l'ame deſtinée à la vivifier, & aſſurément on ne pouvoit en choiſir une plus méchante.

primés destinés à paroître sous les yeux du public, combien a-t-on dû les multiplier dans les cercles, dans les assemblées particulieres, où l'on ne craignoit ni discussion ni examen, dans ces petits & redoutables tribunaux, où l'absence de l'accusé est un crime, & l'audace de l'accusateur une preuve; où les assertions les plus atroces succedent à une dissertation sur une *coëffure;* où les êtres les plus frivoles déchirent avec fureur, uniquement pour passer le tems, un homme qu'ils n'ont jamais connu, & qu'ils auroient prôné avec enthousiasme, s'ils l'avoient seulement vu la veille : qu'on juge quel désavantage devoit avoir sur ce théatre un homme simple, appliqué, laborieux, confiné parmi les livres, abandonné aux efforts de quelques rivaux acharnés, qui attachant leur gloire & leur existence à sa perte, employoient tout leur tems à se faire dans le monde des recrues de disputeurs infatigables, & faisoient partir contre lui, du fond du palais, deux cents voix furieuses, tandis qu'il se bornoit dans son cabinet à combiner des preuves, & à multiplier des apologies.

D'après ces préjugés, les juges devoient penser qu'inutilement essaieroient-ils de restreindre les motifs d'un châtiment, & de ne paroître appliquer la peine qu'à une vivacité inquiete, à des mouvemens trop impétueux, à une sensibilité trop ardente, à tous les griefs qui pourroient dans d'autres cas justifier une dégradation, ſans imprimer une flétriſſure; que cela n'étoit pas poſſible ici; que tout ce qui réſulteroit de ce ménagement apparent, ſeroit de changer les ſoupçons en certitude, & d'autoriſer à regarder comme une grace, le refus d'examiner; & qu'enfin cette terrible indulgence ouvrant à la malignité une carriere ſans bornes, que la rigueur la plus outrée auroit dû moins reſtreindre, ce ſeroit ſur-tout ces délits qu'ils n'auroient pas voulu approfondir, qu'on croiroit invinciblement démontrés.

Tel étoit, SIRE, le point de vue dans lequel les juges devoient ſe placer le 4 mars, en prononçant ſur le ſort du ſuppliant; les ſuites qu'entraînoit néceſſairement leur arrêt devoient les rendre tout à la fois plus circonſpects & plus ſéveres, plus réſervés dans l'application de la peine, plus rigoureux dans la diſcuſſion des preuves. Par quelle accablante tranſpoſition de toutes les idées ſe ſont-ils piqués au contraire de mettre la précipitation dans l'examen, & la rigidité dans le châtiment?

Et quel en eſt le prétexte? Que le ſuppliant *a injurié l'ordre des avocats*, & *tendu à ſoulever les eſprits*. Quelle étrange, quelle effrayante diſparate! Quoi! on leur dénonce avec appareil un coupable audacieux, qui a, par un ſyſtême réfléchi, eſſayé d'intervertir toutes les loix divines & humaines; pour qui rien de ce que la ſociété reſpecte n'a été ſacré, *qui s'eſt fait un principe de n'en reconnoître aucun*, qui a eſſayé par une théorie empoiſonnée d'ouvrir au ſein du royaume une école de ſujets rebelles, de proſélytes impies; qui, par une pratique non moins ſcandaleuſe, a donné dans ſa propre conduite des preuves qu'il tient en effet à cette infernale doctrine; qui dans le plus ſaint, le plus inviolable des miniſteres, a violé les regles de l'honnêteté! & quand ils ont des attentats ſi graves à punir, quand ils ont une compagnie entiere pour caution de ces effrayantes aſſertions, ils affectent de ne pas détourner les yeux: ils ſe font un devoir de ne pas ouvrir l'oreille: leur bras ſeul conſerve de l'action, pour frapper d'une peine qu'on vient de leur dire n'être pas *déshonorante*, un coupable digne des plus honteux ſupplices; pour choiſir parmi tant de compoſitions criminelles, attentatoires à la ſociété publique, un écrit *injurieux* à une petite ſociété, & *tendant* à affecter vivement les eſprits.

Mais un écrit *injurieux à l'ordre des avocats* ne pouvoit plus être un moyen de radiation, puiſque le parlement lui-même avoit rétracté le 11 janvier un arrêt qui appliquoit cette peine à ce prétendu délit. En ſuppoſant que le *ſupplément* fût en effet répréhenſible, c'eſt cet arrêt qui auroit induit le ſuppliant en erreur, par l'approbation donnée le mois d'auparavant aux *réflexions;* elles venoient de recevoir le ſceau de l'autorité publique. Le ſuppliant pouvoit-il deviner qu'un eſpace de trente-cinq jours changeroit à ce point la nature des choſes, ou des opinions, & que ce qui venoit d'être couronné avec éclat en janvier, ſeroit criminel la lune d'après ?

Mais il y a bien plus : eſt-il vrai qu'en effet le ſupplément fût *injurieux* & pût être mis à ce titre au rang des crimes qui juſtifient la mort de l'auteur ? Qu'eſt-ce qu'une injure ? C'eſt, ou une calomnie maligne, ou une vérité fâcheuſe, révélée ſans néceſſité. Or, *le ſupplément* n'étoit *pas calomnieux*. Si l'on avoit cru y trouver des menſonges, il auroit été bien plus ſimple d'employer, au lieu de l'énonciation vague qui appelloit le ſoupçon, la qualification préciſe qui auroit indiqué la preuve. Ce ſont donc des vérités, que contenoit *le ſupplément* ?

Elles étoient déſagréables, non pas pour *l'ordre* des avocats, mais pour ceux de ſes membres qui lui communiquoient leurs fureurs : & pour apprécier ſi elles méritoient d'être caractériſées par le mot *d'injures*, il ne faut qu'examiner l'intérêt qu'avoit le ſuppliant à les préſenter, l'objet qu'il ſe propoſoit dans le mémoire où il les conſignoit.

Sans doute, s'il l'avoit publié ſans raiſons, ſans intérêt ; ſi par un pur caprice il avoit été diffamer des avocats, en particulier ou en général, il auroit fait ce qu'on ſe permet tous les jours contre lui ; mais il auroit été un citoyen dangereux, un délateur criminel : les tribunaux auroient dû en ſa perſonne un exemple au repos de la ſociété.

Mais il eſt accuſé : non ſeulement accuſé, mais jugé : non ſeulement jugé, mais exécuté : il l'eſt ſur des prétextes odieux en eux-mêmes, faux, dont la prétendue vérification étoit une inſulte à la juſtice, à la délicateſſe dont *l'ordre* ſe pique : il en réſultoit la diffamation la plus outrageuſe, la plus effrayante.

Le public ſuppoſoit à une proſcription auſſi rigoureuſe, des motifs proportionnés. Les ennemis du ſuppliant s'enorgueilliſſoient; ſes amis commençoient à rougir : les indifférens prenoient parti contre lui. C'eſt alors qu'il met en uſage, & ſur la foi d'un arrêt ſolemnel, la reſſource autoriſée encore une fois par les loix, celle de l'impreſſion, pour ſe diſculper d'une accuſation injuſte. L'effet étoit connu : il en révele à ſes juges la cauſe, ou plutôt le prétexte.

Il avoit un procès alors, le 30 janvier; on n'en peut pas douter, puiſqu'il étoit privé de ſes fonctions, au mépris de l'arrêt du 11 qui les lui rendoit; puiſqu'il avoit au greffe une requête communiquée au miniſtere public, ſignée d'un officier public. Dans ce procès les avocats étoient, ou premiers juges, ou accuſateurs; or ſous l'une ou l'autre de ces qualités, comment le mémoire où l'on diſcutoit ſoit leurs ſentences ſoit leurs griefs a-t-il pu être, ſur-tout avant l'examen, déclaré *injurieux*? Il prouve que la ſentence eſt inique, & les délations calomnieuſes; mais en attaquant l'une, falloit-il dire qu'elle étoit équitable? En implorant à grands cris la justice céleste & celle de la terre contre les autres, falloit-il les déclarer vraies?

Vérité, pudeur, humanité, bienséance, loix, on avoit tout violé, on violoit tout encore, pour perdre le suppliant. Quand, dans l'émotion que deux ans de traverses, de complots à détruire, d'amertumes à dévorer, de persécutions à essuyer, lui avoient nécessairement occasionnée, il se seroit laissé emporter un peu trop au ressentiment; quand il auroit fait des cris trop aigus contre les coups qui rendoient toute son existence douloureuse depuis tant de mois, il seroit encore excusable; on pourroit lui dire, vous criez trop haut; on ne lui diroit pas, vous avez tort de crier.

Il étoit partie, partie réclamante contre une condamnation. Quel est le plaideur à qui l'on a jamais ôté son état, pour avoir, en se défendant, donné un mémoire trop vif, trop violent si l'on veut? S'il avoit emprunté le secours d'un défenseur étranger, auroit-on condamné celui-ci, pour avoir signé le *supplément*? Le crime du suppliant seroit donc de s'être *défendu lui-même*: & dans quel code, chez quelle nation, l'obéissance à cette premiere loi naturelle peut-elle être flétrie comme un délit?

Quand le *supplément* seroit en effet trop emporté, trop violent, il exigeoit quelque indulgence; mais peut-il justifier même ce reproche? Comment l'a caractérisé le sieur *Séguier*, en demandant, le 4 février, qu'il fût déclaré *injurieux & séditieux*?

Cet imprimé, dit-il, *lui a causé l'impression la plus vive, par l'énergie & l'audace qui animent toutes les expressions.* L'énergie ne peut guere être un défaut : l'audace n'en est un que quand l'objet en est répréhensible : ici c'est un innocent opprimé qui réclame les loix, la justice, qui dénonce de premiers juges prévenus & impitoyables, qui rappelle des anecdotes jusqu'ici sans exemple dans l'ordre judiciaire, & dont le but étoit de le perdre avec ignominie. Dans quelle circonstance un peu d'audace pouvoit-elle être plus excusable ?

Le réquisitoire ajoute plus bas, que ce mémoire est *extraordinaire & indécent ;* mais un mémoire n'est pas toujours répréhensible par cela seul qu'il est *extraordinaire.* Si les vexations contre lesquelles il doit servir de bouclier sortent de l'ordre commun, doit-il y être assujetti ? si dans celui du suppliant l'indécence des termes étoit nécessitée, ou du moins excusée par celle des procédés de ses ennemis, est-ce lui qu'il falloit en punir ?

Il ne rappellera ici que deux citations indiquées dans le réquisitoire, parce que ce sont les plus fortes, celles sur lesquelles le magistrat a le plus insisté. Le suppliant, *pages* 14 *&* 29, se souleve contre l'usage chéri des avocats de ne rien écrire dans les procès qu'ils instruisent contre leurs confreres.

„ Les cours de l'Asie, dit-il, l'inquisition „ elle-même n'ont rien d'aussi cruel, d'aussi

„ abominable en tous ſens que cette procédure :
„ ce ne peut être que celle de la lâcheté, de
„ la trahiſon, de l'impoſture. Il en réſulte que
„ l'accuſation peut toujours être cenſée prou-
„ vée, & que la défenſe ne peut jamais être
„ conſtatée : il en réſulte que l'accuſé eſt dans
„ l'impoſſibilité de ſe jamais laver aux yeux des
„ juges ſupérieurs & du public, parce que les
„ premiers juges ont toujours droit de dire,
„ que les objets ſur leſquels il ſe juſtifie ne ſont
„ pas ceux qu'on lui a objectés : il en réſulte
„ un moyen ſûr d'opprimer l'innocence de
„ maniere qu'il ne lui reſte aucune eſpece de
„ reſſource pour repouſſer l'oppreſſion.

„ Et la compagnie, au nom de laquelle ces
„ complots ſans exemple ſe trament & ſe con-
„ ſomment, le ſouffre en ſilence ! & je reſpec-
„ terois ces manœuvres, ce tribunal ſans fon-
„ dement, cette juriſdiction ſans pouvoir, où
„ les juges ſont parties ; où l'accuſateur ne court
„ aucun riſque ; où l'innocent, percé d'un trait
„ inviſible, ne peut ſaiſir ni la main qui l'é-
„ gorge, ni l'inſtrument qui lui ôte la vie ? Et je
„ me croirois privé des fonctions que le prince
„ m'a confiées, auxquelles le vœu de la magiſ-
„ trature & de la nation m'appelle ! je m'en
„ croirois exclus par un jugement chimérique,
„ rendu ſur une inſtruction dont il n'exiſte pas
„ de traces ; ſur des griefs nés de l'impoſture,
„ enfans ténébreux, dont leur mere elle-même
„ rougit, puiſqu'elle tremble de les laiſſer ap-
„ percevoir !

„ Non, je ne m'abandonnerai pas ainſi moi-
„ même : j'invoquerai les loix, les tribunaux ;
„ je réclamerai les regles, ſous la caution deſ-
„ quelles tout citoyen jouit de ſon honneur
„ & de ſon état ; je ne crois pas que l'ordre
„ des avocats de Paris ait le droit, ni même
„ l'envie de les violer ; je me flatte qu'il ſe ſou-
„ levera contre l'abus que l'on oſe faire de ſon
„ nom, qu'il déſavouera les repréſentans aveu-
„ gles ou corrompus qui ne frémiſſent pas de
„ le compromettre ainſi, & de métamorphoſer
„ une police douce, correctionnelle, amicale,
„ en un tribunal de ſang, auprès de qui les juges
„ de l'inquiſition pourroient s'inſtruire & ſes
„ familiers ſe former. „

Eh! qu'y a-t-il donc là de répréhenſible? Les principes ne ſont-ils pas vrais, conſtans? Si les expreſſions ſont vives, la procédure qu'elles attaquent n'eſt-elle pas affreuſe? L'hiſtoire offre-t-elle rien de plus ſemblable aux uſages de l'inquiſition, que ceux dont les avocats ſe montrent ſi jaloux? Pourquoi ce tribunal eſt-il l'effroi du monde, & la honte de la catholicité? C'eſt parce que les accuſés n'y peuvent conſtater les griefs dont on les charge ; parce qu'ils ne peuvent ni connoître ni récuſer les témoins qu'on leur oppoſe ; parce que les juges prétendent avoir le droit de ſuppléer aux preuves légales, par des preuves arbitraires, & conſulter leur conſcience plutôt que les regles : voilà ce qui a paru dans tous les tems le ſceau de l'injuſtice

& la marche de l'iniquité; & voilà cependant, Sire, ce que les avocats de Paris prétendent avoir le droit de pratiquer, ſous les yeux de Votre Majeſté, dans ſa capitale, au dix-huitieme ſiecle: voilà ce qu'il n'eſt pas permis à la victime de cette inſtruction ténébreuſe de leur reprocher: voilà ce qu'on ne peut examiner ſans devenir criminel, & perdre ſon état, ſa fortune & ſon honneur.

D'après les regles de l'équité, d'après les propres aveux du ſieur *Séguier* qui en requéroit la condamnation, & celle de l'auteur, le *ſupplément* ne pouvoit donc pas être réputé un ouvrage trop violent: mais d'après les principes de la juriſprudence même, il méritoit encore bien moins cette qualification. Un auteur juſtement révéré au palais, un auteur qui ne peut pas être ſuſpect aux avocats, Me *Jouſſe* a composé un gros traité ſur la *juſtice criminelle.* On y trouve un paragraphe exprès ſur la *modération* & les *bornes d'une défenſe légitime;* or comment les définit-il? Voici ſes propres termes.

„ On ſe renferme dans les bornes d'une
„ défenſe légitime & modérée, toutes les fois
„ qu'on n'oppoſe qu'une replique proportion-
„ née à l'inſulte qui nous eſt faite, ou bien
„ lorſqu'on fait, en ſe défendant, une choſe
„ ſans laquelle on ne pouvoit conſerver autre-
„ ment ſa vie, ſa réputation, ſon honneur,
„ ou ſes biens.

„ C'eſt une maxime reçue chez toutes les „ nations, qu'on peut *repouſſer une injure* par „ une *autre injure.* „

La proſcription prononcée contre le ſuppliant par les députés des avocats, étoit-elle un compliment? L'infamie que ces repréſentans furieux d'une aſſociation honorable s'efforçoient d'attacher à ſon nom, étoit-elle une douceur? Sa réputation, ſon honneur, ſon état, n'étoient-ils pas attaqués? Lui reſtoit-il un autre moyen pour les ſauver, qu'une juſtification publique? ou ſes efforts pour démontrer ſon innocence & l'iniquité de ſes prétendus juges, étoient-ils pour eux une injure plus grave que les effets de leur acharnement pour lui?

Le même juriſconſulte ajoute qu'il y a cependant des perſonnes contre leſquelles il n'eſt pas permis de repouſſer l'injure par l'injure, telles que les *magiſtrats*, les *peres & les meres*, les *maîtres*, &c. " à moins cependant, ſe hâte-t-il „ d'obſerver, que ces perſonnes *n'excedent les* „ *bornes d'une juſte correction ;* car ſi elles frap- „ poient d'une maniere *atroce* ceux qui leur „ ſont ſubordonnés, en les bleſſant ou eſtro- „ piant, alors rien n'empêcheroit ces derniers „ de faire réſiſtance, & d'uſer des mêmes voies „ de défenſes, dont toute autre perſonne pour- „ roit uſer en pareil cas. „

Jamais on n'a rien dit de plus déciſif, en faveur du ſuppliant. Quel que ſoit l'excès de déférence, de reſpect, de ſoumiſſion, que les *députés de l'ordre des avocats* aient droit d'exiger de ses membres, il ne peut sans doute aller plus loin que celui qui est dû par les *sujets* ou les *enfans*, aux administrateurs de la justice & aux chefs de familles. Cependant, quand ceux-ci s'oublient ou deviennent injustes, la résistance devient légitime. Reste donc à savoir si les députés des avocats conservoient bien ici le sang-froid, la gravité qui doit accompagner les réprimandes; si la mort civile du suppliant, qu'ils opéroient avec la plus inconcevable iniquité, étoit une *juste correction;* si l'atteinte irréparable qu'ils portoient à son honneur, n'étoit pas équivalente à l'emportement passager qui peut mettre un pere dans le cas d'estropier son fils.

Enfin, SIRE, sous quelque point de vue qu'on veuille envisager le *supplément*, nécessaire ou non; si en effet la discussion qu'il renferme étoit répréhensible, ce seroit, encore une fois, l'arrèt du 11 janvier qu'il faudroit accuser de la liberté qu'a prise le suppliant de s'y livrer.

Les *réflexions* portoient sur le même objet. Elles étoient au moins aussi fortes. Elles contenoient les mêmes réclamations; elles démasquoient les mêmes manœuvres. Le parlement venoit de les consacrer, en déclarant le suppliant absous de la condamnation dont elles avoient été le prétexte. Il devoit donc, comme il vient de le dire, se flatter de se conformer aux intentions du parlement, en opposant aux mêmes perſécutions la même égide dont cette auguſte compagnie venoit d'approuver & de ratifier l'uſage. Dès qu'elle a jugé que les réflexions n'étoient pas injurieuſes à l'ordre des avocats, le *ſupplément* ne pouvoit plus mériter ce nom.

Mais il *tendoit à ſoulever les eſprits !* D'abord les a-t-il ſoulevés? eſt-ce un fait ou une crainte qu'on a voulu punir? L'imprimé eſt-il jugé ici comme l'auteur, d'après le mal qu'il a fait, ou d'après celui qu'il ne *manqueroit pas* de faire? Il y a quelque différence entre commettre un délit, même matériel, ou y *tendre*. Mais quand il s'agit d'un forfait idéal, ſpirituel en quelque ſorte, eſt-il permis de punir, non pas l'action, non pas l'intention, non pas même l'idée, mais la *tendance?* Cette expreſſion eſt d'autant plus ſinguliere, qu'elle ſe trouvoit également dans l'arrêt de 1774, qui venoit d'être anéanti. Le parlement venoit de juſtifier les *réflexions* condamnées comme TENDANT, &c. & quinze jours après, il condamne le *ſupplément* à ces mêmes *réflexions*, comme TENDANT auſſi. Quelle étrange affectation, ou quelle déplorable contrariété!

Enſuite y a-t-il jamais rien eu de plus vague? *tendre à ſoulever les eſprits !* Eh, contre qui? au profit de qui? dans quelle vue? Ce ne pourroit être un délit qu'autant qu'on ſuppoſeroit à l'auteur, ou plutôt qu'on prouveroit qu'il a eu une intention ſéditieuſe, une envie de ſe faire chef de ſecte, & d'armer une partie de la nation contre l'autre; car enfin ſans cela, un mémoire, justificatif sur-tout, ne peut jamais être réputé criminel. Tout écrivain qui confie ses idées au papier, *tend à soulever les esprits* contre le systême qu'il attaque, ou en faveur de celui qu'il adopte : un prédicateur *tend à soulever les esprits* contre les vices qu'il réprouve, un avocat contre les manœuvres qu'il dévoile : un accusé sur-tout travaille de toutes ses forces, & très-légitimement à *soulever les esprits* contre l'iniquité dont il est menacé de se voir la victime.

Cette *tendance* est naturelle, elle est dans l'ordre & l'esprit de la chose. Elle ne peut fournir un prétexte à une condamnation qui entraîne la perte de l'état & une proscription civile.

Non-seulement, SIRE, le supplément n'étoit pas un écrit séditieux, mais il contenoit la preuve de la résignation la plus soumise, même sur celui de tous les articles où l'opiniâtreté sembleroit plus excusable, sur celui des *opinions*.

Le suppliant, dans ce mémoire, en rendant compte des reproches qu'on lui avoit faits dans l'assemblée particuliere du 16 janvier, au sujet de ses ouvrages, a observé, 1°. " qu'ils
" avoient tous précédé son admission sur le tableau, & qu'ils avoient été connus à cette
" époque : 2°. qu'ils ont tous été soumis aux
" formalités que le gouvernement exige & approuve en bonne forme : 3°. que les censeurs
" sont des *avocats sur le tableau*, & il les a nommés. J'ai dit, a-t-il ajouté, à mes confreres :

" s'ils

„ s'ils contiennent en effet des principes blâ-
„ mables, daignez être mes maîtres & mes gui-
„ des ; instruisez-moi. Agissez comme la *Sor-*
„ *bonne* envers ceux de ses membres qui s'é-
„ garent en matiere de dogmes ; montrez-moi
„ la lumiere, & je vous promets de la suivre.

„ Mes erreurs ne sont tout au plus que des er-
„ reurs philosophiques : si vous les jugez dan-
„ gereuses, indiquez-les moi : fixez-moi les ter-
„ mes dans lesquels je dois les rétracter ; je suis
„ prêt à tout signer, à tout adopter aveuglé-
„ ment. *Fenelon* n'a été ni déshonoré aux yeux
„ du public, ni dégradé par ses collegues, pour
„ avoir soutenu des opinions peu orthodoxes :
„ si j'ai imité en philosophie sa méprise théo-
„ logique, j'imiterai sa docilité. „

Est-ce là le langage d'un citoyen séditieux, d'un écrivain fanatique, d'un avocat irrévérend, d'un homme sans principes, qui se fait un jeu de tout attaquer, de tout détruire? Est-il possible qu'après cette déclaration verbale & imprimée, on ait osé dire aux magistrats, annoncer au public, lui persuader que le suppliant a attaqué dans ses ouvrages *les loix civiles*, *les loix ecclésiastiques*, *celles de tous les gouvernemens*, *la loi fondamentale du royaume*, ses *gardiens* & ses *dépositaires*?

Et c'est l'homme qui s'exprime ainsi, c'est l'écrivain pénétré d'une déférence si vraie, si sincere, si soumise, qu'on accuse d'être violent, emporté! C'est l'ouvrage où est déposée cette déclaration si tranquillisante, que l'on dénonce, qu'on veut flétrir comme injurieux, comme séditieux. Ah! SIRE, ce dernier morceau seul prouve combien l'ouvrage entier étoit peu destiné à exciter une sédition.

Implacables dénonciateurs, quand cela seroit vrai; sa soumission ne devoit-elle pas vous désarmer? Il vous avoit fait les arbitres du sort de ses ouvrages: il vous avoit promis un sacrifice qu'un homme ne doit peut-être qu'à la divinité, celui de ses *opinions*; & non-seulement vous rejettez ce sacrifice qui ne vous étoit pas dû, mais vous passez sous silence l'offre qui vous en a été faite: vous continuez à insister sur les prétendus délits qu'elle auroit tous effacés, quand ils auroient été aussi constans, aussi bien prouvés qu'ils le sont peu.

S'il y a dans tout ce procès une production qu'on ait pu accuser de ce but criminel; qui ait en effet tendu à *soulever les esprits*, n'est-ce pas, SIRE, la dénonciation du bâtonnier, & de ses adhérens? Elle ne peut pas avoir eu pour but le goût des saines maximes, celui des vrais principes; les précautions prises avant la publicité des ouvrages dénoncés, les approbations des censeurs; le silence du ministere public depuis huit ans & plus qu'ils sont connus, démontrent assez que s'ils contiennent des erreurs, au moins ils ne sont pas souillés par des crimes; & que si la raison de l'auteur a été séduite, son cœur n'en a pas été complice, & qu'ils n'ont rien de dangereux.

Mais en ſuppoſant que ces erreurs, ces écarts euſſent paru à l'ordre des avocats aſſez ſcandaleux pour exiger une expiation publique; elle leur avoit été offerte verbalement le 26 janvier: le 30 la même offre leur a été ſignifiée par écrit; *page* 21 *du ſupplément*. S'ils n'avoient voulu que prémunir le public contre les mépriſes du ſuppliant; & laver *l'ordre* du ſoupçon d'y garder un homme ſuſpect; d'avoir des opinions répréhenſibles, c'en étoit là le plus ſûr moyen. La rétractation auroit été plus éclatante, plus perſuaſive qu'un arrêt, même qu'un châtiment.

Ils ſe ſont bien gardés d'écouter cette offre, de l'accueillir: & pourquoi? Parce qu'alors la *théorie du paradoxe*; cette œuvre myſtérieuſe qui attendoit dans l'ombre le moment de ſe manifeſter; feroit devenue inutile & même contraire aux démarches de la ligue qui l'avoit commandée; parce que les avocats auroient perdu le fruit de la diffamation qu'ils s'étoient promiſe; parce qu'ils auroient été forcés d'applaudir au repentir du ſuppliant, & qu'ils vouloient le perdre aux yeux des juges, à ceux du public, comme un rebelle opiniâtre; parce qu'ils vouloient, de ſa prétendue audace à attaquer dans ſes ouvrages toutes les loix, tous les principes reçus, conclure & faire conclure qu'il ne les reſpectoit pas davantage dans ſa conduite. Pouvoit-on ſuppoſer qu'un homme capable de détruire publiquement les fondemens de l'ordre public, ménageât dans

F ij

le ſecret les maximes de la probité privée, & qu'en frondant avec une témérité ſi criminelle les regles qui dirigent les états, il s'aſtreignît avec plus de ſcrupule à celle *de l'honnêteté*, dans la diſcuſſion des intérêts particuliers qu'on lui confioit ?

N'eſt ce pas là, SIRE, ce qu'on peut & ce qu'on doit appeller *tendre à ſoulever les eſprits ?* Et cette tendance n'eſt-elle pas auſſi criminelle, auſſi odieuſe, que celle qu'on a reprochée *au ſupplément* étoit innocente & néceſſaire ?

Ce qu'il peut avoir de violent, encore une fois, ou doit être pallié par la violence du ſentiment qui dut néceſſairement animer l'auteur en le compoſant, ou par la précipitation forcée avec laquelle il travailloit. Chacun des trois ouvrages qu'il a publiés à cette époque, & dont un ſeul a été dénoncé, a été le fruit du moment : il ne lui a pas été plus poſſible de les relire que de les peſer.

Si la rapidité de ſa plume y a fait gliſſer quelques expreſſions trop dures, qu'il auroit rejettées dans des tems plus calmes, elles ſont excuſées, ou plutôt juſtifiées par l'agitation terrible où il étoit quand elles ſe ſont offertes à ſon eſprit, par l'obligation où il ſe trouvoit de ſe livrer ſans choix aux expreſſions qui ſe préſentoient pour rendre ſes douloureuſes idées : appellées par l'amertume qui inondoit ſon cœur, il ſeroit étonnant qu'elles n'en euſſent pas pris quelque teinte.

Il n'a pas à cet égard de privilege particulier : il n'eſt diſtingué du reſte des hommes que par l'excès de ſes infortunes. En l'accablant de tout ce qui peut rendre la vie affreuſe, a-t-on droit d'exiger de lui, ou une prudence, une circonſpection au-deſſus de la nature humaine, ou une inſenſibilité qui le déshonoreroit à ſes propres yeux, & à ceux même de ſes ennemis ?

Que Votre Majeſté, SIRE, daigne comparer les circonſtances dans leſquelles le *ſupplément* a paru, les angoiſſes qu'éprouvoit l'auteur en l'écrivant, le peu de momens qu'il a eus pour le relire & le châtier, avec les manœuvres qui l'ont rendu néceſſaire, ſur-tout avec la peine que l'on prétend y appliquer ; & qu'elle prononce s'il y a la moindre proportion.

L'arrêt du 29 mars, confirmatif de celui du 4 février, eſt donc évidemment injuſte, s'il n'a porté que ſur le *ſupplément*. S'il a des motifs ſecrets, l'injuſtice eſt bien plus dangereuſe, bien plus manifeſte encore, puiſque non ſeulement on n'a pas exigé de preuves, mais qu'on les a rejettées ; puiſqu'on a flétri juſqu'aux tentatives multipliées pour les offrir ; puiſqu'on a été juſqu'à élever une barriere pour empêcher que jamais le jour à cet égard pût arriver juſqu'aux tribunaux. C'eſt ce qu'il s'agit d'examiner.

§. VIII.

Que si l'arrêt du 29 mars a eu pour motif les lettres du suppliant au sieur duc d'Aiguillon, il n'en est que plus injuste.

Ces lettres, Sire, ont été, dans tout le cours de l'affaire, un des griefs déterminans. Les avocats en ont fait une de leurs ressources. Le sieur avocat-général les a présentées comme un délit qui seul devoit dévouer le suppliant à toute la sévérité des loix. Il a attesté en pleine audience qu'il les avoit vues, qu'elles étoient criminelles, que l'obstination à en provoquer la publicité prouvoit dans le suppliant une audace punissable, & que le sieur duc d'Aiguillon lui donnoit une marque de bonté en les cachant. Il n'est donc plus permis au suppliant de garder le silence.

Enchaîné jusqu'ici par les liens sacrés qui doivent unir un défenseur & son client, répugnant à la seule idée de contribuer à augmenter les malheurs d'un homme qui est la source de tous les siens; quoiqu'on n'eût pu lui faire aucun reproche de révéler ses propres lettres, qui ne devoilent que des procédés particuliers du sieur duc d'Aiguillon & n'ont rien de commun avec la conduite de l'homme public, dont le suppliant a uniquement entendu autrefois entreprendre la défense; quoiqu'enfin ces lettres n'ayant pu être dénoncées que par le ſieur duc d'Aiguillon lui-même, ce duc & pair ne pût pas ſe plaindre d'une manifeſtation qu'il avoit néceſſitée, le ſuppliant, Votre Majeſté l'a vu, a fait tout ce qui a dépendu de lui pour les écarter de la cauſe.

Mais ces nœuds ſi ſaints n'exiſtent plus, SIRE : le ſieur duc d'Aiguillon les a briſés ; il n'a pas craint de dénoncer perſonnellement le ſuppliant aux magiſtrats, comme un commiſſionnaire bas, qui joignoit la trahiſon à l'avidité, capable de déchirer le lendemain celui qu'il avoit ſervi la veille, & de faire payer ſon ſilence, après avoir reçu le prix de ſes paroles. Pour preuve de ces inculpations, il a laiſſé entrevoir de loin, dans l'obſcurité, ces lettres que perſonne n'a jamais vu entieres ; eh bien, que le jour luiſe, & qu'on juge enfin qui des deux ſes rayons feront rougir. Qu'on ſache bien préciſément ce que le ſuppliant a demandé au ſieur duc d'Aiguillon, comment il a été reduit à le demander.

Les voici ces pieces redoutables, deſtinées à reſter ignorées ; pieces que les procédés du ſieur duc d'Aiguillon ont arrachée à la fierté, à la franchiſe d'une ame incapable d'aucun déguiſement; pieces dont il auroit été à jamais le ſeul dépoſitaire, s'il n'avoit pas eu l'imprudence inconcevable d'en violer lui-même le ſecret, & de vouloir les faire ſervir à la perte de ſon ancien défenſeur. Il eſt aiſé de prouver que c'eſt par lui qu'elles ont été connues, & qu'elles l'ont été dans l'espoir de consommer la perte du suppliant.

Celui-ci a été instruit par une lettre du bâtonnier des avocats, en date du 29 décembre dernier, de tous les griefs qui avoient été objectés contre lui dans une assemblée d'avocats le 22 précédent. Assurément ses ennemis y avoient accumulé tout ce qu'ils savoient alors de propre à servir leur haine. Il n'y est pas mention des lettres.

Mais ces premiers griefs ayant été détruits solemnellement par la réfutation qu'en fit le suppliant & par l'arrêt du 11 janvier, on produisit le 26 une liste de crimes toute nouvelle, & les lettres en font partie. On ne peut pas imaginer que ce soit le suppliant qui en ait parlé dans l'intervalle: c'est donc du sieur duc d'Aiguillon lui-même que les avocats ont reçu cette ressource. C'est le sieur Cellier, chef du conseil du sieur duc d'Aiguillon, qui s'est rendu, auprès d'eux, caution de la vérité du fait. Ce duc & pair n'a donc pas cru pouvoir trop se hâter de venir au secours d'une cabale qui le servoit, & de suppléer de son fonds aux armes que ses vengeurs avoient perdues.

Le cœur du suppliant se déchire à cette affreuse idée. Mais les faits parlent: & quand Votre Majesté aura lu ces lettres, tous les autres ne l'étonneront plus.

Si elles ne sont pas exactes, que le sieur duc d'Aiguillon produise les originaux: il ne dira pas qu'il ne les a plus ; puiſque le ſieur avocat-général & les juges les ont vus, ou du moins qu'on leur a perſuadé qu'ils les voyoient. Le ſuppliant, SIRE, offre ſa tête pour caution de la fidélité avec laquelle il les a tranſcrites. S'il y a quelque différence, ce ne ſont tout au plus que des mots ſans conſéquence, qui peuvent avoir été ajoutés ou retranchés en les copiant.

Voici quelle en a été l'occaſion. Le ſuppliant pendant les quatre ans qui ſe ſont écoulés depuis 1770, tems où il a commencé ſes travaux pour le ſieur duc d'Aiguillon, juſqu'en 1774, où ſes infortunes ſont arrivées à leur dernier période, avoit vu ſans inquiétude & ſans reſſentiment le ſieur duc d'Aiguillon oublier de remplir à ſon égard, même les devoirs vulgaires de la reconnoiſſance. N'ayant jamais ſu eſtimer ſon travail que du côté de la vérité & de la gloire, il avoit conſenti ſans peine, que l'ancien commandant de Bretagne ſe crût acquitté envers lui, par l'occaſion que cette affaire malheureuſement trop célebre lui avoit préſentée de démontrer l'une, & d'acquérir un peu de l'autre : mais il étoit loin de ſoupçonner qu'il eût à redouter de la part d'un miniſtre qu'il avoit ſi bien ſervi, plus que de l'indifférence, & qu'il dût compter parmi ſes ennemis, un homme qui lui en avoit tant faits.

Cependant, au voyage de Compiegne qui a ſuivi l'avénement de Votre Majeſté, il avoit acquis la triſte preuve que c'étoit au ſieur duc d'Aiguillon qu'il avoit dû au moins l'inutilité de ses efforts contre l'arrêt du 11 février 1774. Ainsi privé de son état, il avoit cru qu'il lui étoit permis de remettre ses anciens droits sous les yeux d'un client qui les méconnoissoit si cruellement. Le sieur duc d'Aiguillon, pour toute réponse, lui envoya son intendant, qui, après des invectives très-injurieuses, lui proposa enfin de mettre en arbitrage cette étrange question; savoir, si le sieur duc d'Aiguillon étoit quitte ou non envers son ancien défenseur. Le suppliant répondit avec hauteur à l'agent, & mettant la main à la plume, écrivit au maître ce qui suit.

MONSIEUR LE DUC.

VOTRE intendant m'a fait part de la proposition que vous l'avez chargé de me communiquer. Vous voulez que des arbitres prononcent entre vous & moi. J'avois cru qu'il ne falloit ici d'autre arbitrage que celui de votre cœur. Puisqu'il se tait, il faut bien recourir à des étrangers; mais alors je ne vois pas à quoi serviroient des arbitres.

Quelle question entendez-vous leur soumettre? S'agira-t-il de faire décider par eux si vous me devez quelque chose, ou combien vous me devez? De ces deux articles, l'un ne sauroit être même mis en doute. Quant à l'autre, j'en suis le seul premier juge; & si vous appellez de ma décision, il n'y a que les tribunaux qui puissent la proscrire, ou la ratifier.

Je dis que vous me devez. Est-ce de bonne foi que

vous vous croyez quitte envers moi avec 400 louis à mon compte, & 500 au vôtre? Je sais qu'en laissant traîner cette question jusqu'à présent, j'ai ôté à mes droits presque toute leur force. Si dans l'ivresse du succès, dans ce moment où vous sortiez enfin d'une humiliation aussi cruelle que dangereuse, où vous voyiez vos ennemis déconcertés, & vos amis s'enhardir à vous reconnoître, je vous avois demandé une année de votre revenu (*), me l'auriez-vous refusé? Je suis sûr que non.

Je ne l'ai pas fait, quelque sujet que j'eusse dès lors de me plaindre de vous & de vos agens. Vous étiez encore malheureux, & par conséquent respectable pour moi. Quand vous avez cessé de l'être, vous êtes devenu puissant; j'ai cru que vous useriez de ce pouvoir pour vous acquitter; ainsi ma délicatesse d'abord, ensuite la bonne opinion que j'ai eue de la vôtre, m'ont fait perdre le tems utile.

Je le répete; je sais par là combien j'ai compromis mes droits. Je me suis privé de tous ceux qui tenoient aux circonstances, & dans de pareilles affaires ce sont les plus forts; mais il me reste ceux qui sont attachés au matériel même de mes travaux, à la partie mécanique de mes ouvrages. Puisque vous m'y forcez, je vais vous prouver que, même en les appréciant ainsi, en les bornant à la simple main-d'œuvre, vous êtes mon redevable, & de beaucoup. Ce calcul est humiliant, mais vous sentez bien que ce n'est pas pour moi qu'il l'est.

(*) C'est sur ce mot bien innocent, que s'est répandu le bruit bien accrédité, que le suppliant avoit exigé du sieur duc d'Aiguillon une année de son revenu, & qu'il ne s'étoit brouillé avec celui-ci, que sur le refus de se prêter à une exaction aussi énorme. On verra plus bas, de bien plus étranges altérations pratiquées en ne montrant que quelques mots de la lettre, dont on feroit un commentaire verbal.

Vous ne pouvez évaluer à moins de douze mille rôles ce que j'ai fait pour vous ; comptez-les à un écu, c'eſt le prix courant au palais pour les groſſes de procureur, ce ſont 36000 liv. Aimez-vous mieux compter par vacations? Dans les pays où cette meſure eſt en uſage, elles ſont d'une heure, & ſe paient 12 liv. Douze mille rôles, avec les longues, les fréquentes conférences qu'on n'a ceſſé de me demander, & que je n'ai jamais refuſées, ne peuvent faire moins de 6000 vacations: vous me redevriez 72000 liv. Dans tous les ſens vous me redevriez.

Direz-vous que c'eſt une baſſeſſe à moi de vous pourſuivre ; que les avocats, comme s'eſt hâté de ſe le faire aſſurer votre intendant, n'ont pas d'action pour le paiement de leurs honoraires ?

Quant à la baſſeſſe, tranquilliſez-vous, M. le Duc, laiſſez-moi le ſoin de m'en juſtifier ; je n'y ſerai pas embarraſſé, je vous en réponds.

D'ailleurs, s'il y avoit quelque choſe de déshonorant pour moi à répéter des honoraires qui me ſont dus, je vous demande ce qu'il y auroit pour vous, qui les retenez ? Oſeriez-vous exiger que je fuſſe arrêté par une délicateſſe que vous bravez, & qu'en me montrant ſenſible à un ſcrupule que vous ne réveillez que pour votre profit, je vous forçaſſe à reconnoître que je ſuis plus honnête que vous ?

Encore une fois, c'eſt mon affaire d'ennoblir ma réclamation, & je vous promets que je n'aurai jamais paru ſi grand que le jour où vous me forcerez à me placer auprès de vous devant les tribunaux.

A l'égard de la prétendue impuiſſance où l'on vous a dit qu'étoient les avocats de former une action juridique dans cette matiere, je ne vous conſeille pas de vous y fier. D'abord vous n'auriez certainement ni le courage, ni le droit de vous en prévaloir. S'il étoit vrai que cet engagement tiſſu par la délicateſſe nous liât ſans exception, ce n'eſt pas dans la main de nos cliens que pourroit ſe trouver le bout de la chaîne.

Mais d'ailleurs il y a des cas où l'honneur nous permet de la rompre. C'eſt une propoſition démontrée, & jugée qui plus eſt. Nous avons action, quand l'ingratitude d'un client eſt trop révoltante, & qu'il s'agit d'honoraires aſſez conſidérables pour intéreſſer eſſentiellement notre fortune. Par arrêt du 15 mars 1766 (*) il a été adjugé à Mes. Raymond & Buynand, aujourd'hui conſeillers, mais alors & depuis avocats, 75000 liv. pour travaux de leur profeſſion. Il s'agiſſoit d'une affaire où il n'y avoit eu ni dangers à courir, ni cabale à braver, ni tout ce qui ſe trouvoit dans la vôtre à craindre. Pour établir mon droit, je n'ai donc qu'à faire voir 1°. que vous êtes ingrat, 2°. que ce que vous me devez intéreſſe eſſentiellement mon ſort. Or vous ſentez, M. le Duc, que rien ne ſera plus aiſé.

Vous me devez donc, rien n'eſt plus clair. J'ai des moyens pour m'aſſurer la reſtitution de ce que vous me devez, cela eſt inconteſtable; mais combien me devez-vous? C'eſt ici ſeulement qu'il peut y avoir quelqu'embarras. La meſure de la reconnaiſſance dépend de celle du cœur qui l'éprouve, & de la nature des ſervices. Il eſt bien difficile que, ſi l'un eſt petit, les autres, quelque grands qu'ils ſoient, s'y trouvent juſtement appréciés. Je ne vous ſuppoſe pas dans ce cas; j'ai dû, avant que de vous connoître, vous croire le cœur grand & très-grand; au moins aviez-vous une grande affaire; par conſéquent j'ai eu droit de compter ſur une gratitude peu commune. A cet égard, il dépend de vous de fixer mes idées.

S'il faut abſolument fixer votre marche par des autorités, ſi vous ne voulez faire que ce qu'auroit fait à votre place un homme vulgaire, vous avez trois gui-

---

[*] Sur les concluſions du ſieur de Barentin: ce qui mérite d'être remarqué.

des qui peuvent vous diriger, les regles, l'ufage, & les exemples.

D'après les regles ftrictes, rigoureufes, fi nous comptons par rôles, nous l'avons vu, vous me devez au moins 36000 livres; par vacations, au moins 72000 l. Mais oferiez-vous férieufement propofer, même à la juftice, d'évaluer fur ce taux ce que j'ai fait pour vous?

Si vous confultez l'ufage, vous n'ignorez pas que les honoraires fe proportionnent à la fortune, au rang de celui qui les doit, ainfi qu'à l'importance de l'affaire. Or vous êtes un des premiers officiers de la monarchie; vous avez 500000 liv. (*) de rente; & depuis 300 ans, il n'y a certainement pas eu d'affaire plus importante que la vôtre.

Si vous vous en rapportez aux exemples, ils font encore plus en ma faveur. Les Cochin, les Laverdy, les Reverfeaux, les Simon, les Duvaudiers, n'ont jamais eu le malheur de trouver dans leur chemin, perfonne qui eût befoin des efforts que j'ai faits pour vous, & moins encore perfonne qui les expofât à tenir le langage que je fuis forcé de vous tenir. On alloit au-devant d'eux, on les combloit. Ils avoient de bien grands talens, fans doute; mais il s'agit moins ici de leur génie, que des procédés de ceux qui y avoient recours. Y en a-t-il un feul d'entre eux à qui vous euffiez offert 400 louis pour vos mémoires?

Si vous voulez des noms modernes, eft-ce à Me. Gerbier qui vous a fu fi mauvais gré de ne l'avoir pas chargé de votre défenfe, eft-ce à lui que vous euffiez fait un femblable préfent? Je ne parle pas de tous les honoraires monftrueux qu'il ne ceffe d'exiger impunément depuis qu'il eft au palais; je n'en citerai

[*] Dans les monftrations fécretes, on rapprochoit cette évaluation de la fortune du fieur duc d'Aiguillon de *l'année de revenu*, & l'on difoit aux juges: vous voyez quelle horrible concuffion!

qu'un ſeul. Perſonne n'ignore qu'il a reçu du ſieur . . . ſeul, cent mille écus, pour en avoir facilité la réhabilitation. Mais . . . . étoit un vil coupable; Gerbier en le ſervant par des manœuvres obſcures, avoit dégradé ſon art, & proſtitué ſon miniſtere : on ne pouvoit pas le payer trop chérement : les victimes de l'incontinence ont droit à des offrandes plus riches que les femmes honnêtes. Vous ne voudriez pas plus vous comparer au ſieur . . ., que moi à Me. Gerbier. Vous étiez un innocent illuſtre; vôtre défenſe étoit glorieuſe & publique; l'éclat y étoit joint au danger; l'honneur d'en être l'inſtrument en devenoit le plus beau ſalaire. Cherchons donc un événement qui s'en rapproche, & dont le parallele nous honore tous deux; il ſe trouvera dans la cauſe de M. de la Bourdonnaye, le vainqueur des Anglais, le reſtaurateur du nom français dans les Indes.

Pour un mémoire fait tranquillement, & bien tranquillement, M. de Genes a reçu de lui 60000 liv. comptant, & obſervez qu'il n'y avoit que de la gloire a acquérir dans ſa défenſe. Ce héros chéri de la nation, plaint & reſpecté même des rivaux qu'il avoit ſi ſouvent battus, n'avoit à dévoiler qu'une cabale obſcure & des intrigues paſſageres. En étoit-il de même de vous? L'unique mémoire de M. de Genes mis dans la balance, contre-peſera-t-il un ſeul des miens, au talent près, dont il ne s'agit pas ici?

Je ſais que cela vous paroîtra dur. Dans le premier mouvement, vous vous écrierez, allons devant les tribunaux. Je ne demande pas mieux, mais je dois vous obſerver que vous n'y gagnerez rien; je ſuis ici, je le répete, le ſeul juge de ma créance. Je vous ai dit plus haut que les tribunaux pouvoient proſcrire ou ratifier ma déciſion; je me trompois, ils ne peuvent que la ratifier dans la forme & au fond; il eſt impoſſible qu'ils s'attribuent une autre faculté.

Vous convenez que vous ne pouvez vous y préſenter que pour vous en rapporter à la prudence de la cour; c'eſt dans le vrai le ſeul ſubterfuge honnête que vous puiſſiez employer. Mais que voulez-vous que la prudence de la cour décide ? Quoi ? qu'elle me déclare non recevable ? Elle ne le peut pas, vous ne le demandez pas, vous ne le demanderez pas.

Qu'elle reſtreigne d'office mes prétentions ? D'abord ce ſeroit toujours vous laiſſer la honte d'avoir ſoutenu contre moi une conteſtation injuſte. Le plus ou le moins n'y feroit rien : plus l'objet de la conteſtation ſeroit modique, plus vous auriez à rougir de l'avoir attendue pour vous libérer.

Mais enſuite cette reſtriction d'office ne pourroit pas avoir lieu. Les loix enjoignent d'adjuger au demandeur les concluſions par lui contradictoirement priſes, quand elles ne ſont pas combattues. Or, vous en rapporter à la prudence de la cour ſur les miennes, c'eſt convenir qu'elles ſont fondées, & que vous n'avez aucun moyen à y oppoſer.

Vous direz, peut-être, que vous vous raviſerez, & que vous en viendrez à les diſcuter : à la bonne heure, c'eſt tout ce que je ſouhaite. Si vous trouvez dans ce cas un défenſeur aſſez habile pour vous diſculper du reproche d'ingratitude, il vous rendra un prodigieux ſervice : mais, inſtruit par la matiere même, il voudra ſans doute être payé d'avance, & en raiſon de la difficulté de la beſogne : il en pourra naître entre vous & lui, un ſecond procès qui me feroit regagner le mien.

En attendant, vous voyez que la forme, ſi vous ne diſcutez rien, m'aſſure la réuſſite.

Au fonds, que vous diſcutiez ou non, comment les tribunaux pourroient-ils prendre ſur eux de rejetter mes concluſions ? S'il étoit queſtion d'un contrat dont on pourſuivît la réſiliation, ſans doute la juſtice pourroit intervenir, & en coupant le lien dont les deux parties ſeroient mécontentes, diſpenſer l'une de payer,

ſous

ſous la condition de reſtituer à l'autre l'objet dont on lui refuſeroit l'équivalent ; mais eſt-ce là nôtre poſition ?

Vous avez imploré mes ſecours, en vous annonçant avec toutes les apparences qui pouvoient cautionner que vous ſauriez les évaluer. Vous avez reçu mes ſervices ſans y mettre d'autre condition que celle d'une reconnoiſſance indéfinie ; & à préſent que vous en avez recueilli les fruits ; à préſent qu'il ſont aſſurés à vous, à votre poſtérité ; à préſent que vous êtes certain d'un monument qui vous garantit à jamais des outrages dont votre nom ſembloit devoir être éternellement chargé, vous venez chicaner après quatre ans, ſur le prix que je ſuis forcé d'y mettre !

Si vous prétendez avoir cet étrange droit, replaçons-nous donc dans l'état où nous étions à la fin de 1769, avant que j'euſſe le malheur d'être recherché par vous ; moi paiſible, chéri de mes amis, voyant s'ouvrir ſous mes pas une carriere glorieuſe & utile ; & vous l'horreur de la Bretagne, l'effroi de la France, le ſcandale de l'Europe ; repréſenté dans cent imprimés lus avec autant d'avidité que de confiance, comme un deſpote inhumain & vindicatif, qui en écraſant les petits ſans formalité, cherchoit à perdre les grands par l'abus des loix & des formes judiciaires ; comme un ennemi aſſez lâche pour employer à ſes vengeances perſonnelles la ſubornation, le faux, le poiſon, toutes les armes de la baſſeſſe & du crime ; comme un concuſſionnaire inſatiable, qui épuiſoit les tréſors de la province, ſoit à ſatisfaire ſon avidité, ſoit à ſoudoyer les inſtrumens de ſes paſſions ; comme un guerrier ſans courage & ſans capacité, qui ayant expoſé les reſſources de la France, avoit obtenu du haſard, un ſuccès ſur lequel perſonne & ſur-tout lui ne devoit compter ; enfin comme un tyran compoſé de tous les vices & capable de tous les forfaits ; joignez à ces inculpations affreuſes une cabale acharnée & puiſſante, vivement intéressée à les accréditer : & cherchez des mains qui vous aident à les combattre. (*)

Je voudrois, au prix de toute mon existence, que cette étrange rétrogradation pût avoir lieu ; que tout ce que j'ai fait pour vous, pût s'effacer pendant un tems de la mémoire des hommes, & s'y reproduire ensuite pour être comparé avec ce que vous y auriez substitué.

Pardon, M. le Duc, si je me laisse emporter malgré moi aux mouvemens d'un cœur fier & sensible, que l'expérience n'a pas encore pu m'apprendre à maîtriser. Je reviens plus froidement à la honteuse matiere que vous me forcez de traiter. Vous pouviez chercher d'autres secours, mais ce sont les miens que vous avez préférés. D'autres vous auroient rendu les mêmes services, mais c'est de moi que vous les avez reçus, encore une fois, sans condition. Vous n'avez jamais annoncé que votre dessein fût d'apprécier mon travail infiniment au-dessous de ce qui s'appelle besogne ordinaire & courante du palais : par-là vous vous en êtes remis à ma discrétion. Vous vous êtes imposé la loi, puisque votre ame ne vous dictoit pas ce que vous aviez à faire, de l'apprendre de moi.

Si vous vouliez vous réserver le droit d'estimer les efforts que votre situation & vos dangers m'inspiroient, sur un tarif particulier, il falloit m'en avertir ; j'aurois été le maître alors, ou de vous refuser mon aide, ou de vous la continuer par pure grandeur d'ame. Ne l'ayant pas fait, encore une fois, vous m'avez conféré

(*) C'est sur-tout là le fameux passage dont on a tiré le parti le plus adroit, le plus utile, & en même tems le plus criminel. On séparoit le tableau de ce qui précede & de ce qui suit. Par-là on faisoit des assertions directes de ce qui n'est, comme on le voit, qu'une récapitulation de celles des ennemis du sieur duc d'Aiguillon. On donnoit comme des imputations faites par le suppliant, celles qu'il ne rappelle que pour observer qu'il les a détruites. Il a été facile, par ce manege, de prévenir & d'indigner tous ceux auprès de qui on l'employoit clandestinement. C'est ainsi qu'on a surpris le sieur Barentin, & le plus grand nombre des magistrats.

à moi ſeul le droit d'arbitrer dans mon cœur votre reconnoiſſance.

Si elle avoit du moins approché de ce que l'équité vous preſcrivoit, j'aurois eu l'ame aſſez haute pour garder le ſilence, & dédaigner de me plaindre. Si du moins encore vous n'étiez pas entré en paiement; ſi vous n'en aviez pas pris occaſion de publier hautement que j'étois ſatisfait, que vous étiez pleinement quitte envers moi; s'il avoit été bien clair, bien avéré que l'intérêt n'entroit pour rien dans ce zele, ce feu, qui m'ont été ſi vivement reprochés, & qui ſont devenus la baſe de toutes les inculpations qu'on m'a faites depuis, cette gloire m'auroit ſervi de dédommagement & même de ſauve-garde; on auroit reſpecté un cœur capable d'un pareil effort, & le mien l'étoit. En rendant publique ma généroſité envers vous, vous vous ſeriez ſouſtrait à la néceſſité d'être juſte envers moi.

C'eſt ce que vous n'avez pas fait, & ce qui ne peut plus ſe faire. Les impreſſions oppoſées ont produit pour moi des maux qui ne peuvent plus ſe réparer: il ne me reſte de reſſource que de ſuivre la route ordinaire, & de vous forcer à payer des ſervices qui n'auroient pu être gratuits qu'en y ſubſtituant des équivalens qui ne ſont plus en votre pouvoir.

Quand j'inſiſte ſi fortement ſur ces ſervices, M. le Duc, ne croyez pas que je donne à ce mot une ſignification plus étendue que celle qu'il doit avoir. Vous me direz, ou je dirai pour vous, que vous étiez innocent, que la vérité & la raiſon concouroient à vous abſoudre, que je n'ai eu d'autre part à votre juſtification que de la bien ſaiſir, & d'exprimer fidélement vos véritables traits: rien n'eſt plus certain. Je n'ai pas d'autre mérite dans votre défenſe; mais c'eſt auſſi le plus grand, c'eſt le ſeul que je puſſe avoir.

Si vous deviez tout à mon art, je ſerois digne de plus de reproches que vos ennemis ne vous en ont fait; c'eſt parce que cet art n'a fait tout au plus qu'embellir la vérité, que les traits devoient en avoir plus de valeur à vos yeux. Le prix d'un portrait dépend de sa ressemblance. Quel étrange grief à alléguer contre un peintre, que de dire qu'il a moins fourni au tableau que son modele ! Prenez garde, en faisant si peu de cas du mien, d'autoriser le public à croire que vous-même ne vous y reconnoissez pas.

Je finis, M. le Duc, par une observation essentielle qui acheve de justifier ma démarche, & qui doit vous ouvrir les yeux sur vos véritables intérêts. Je n'abuse pas de votre position; ayez la bonté de relire les lettres que j'ai eu l'honneur de vous écrire au tems de votre plus brillante faveur, vous y trouverez le même langage que je vous tiens aujourd'hui.

Il y en a quelques-unes où je vous parle de ma reconnoissance, comme M. d'Abrieu a eu grand soin de le marquer à votre intendant; elles ne peuvent être que de l'époque de février dernier. J'étois alors dans l'ignorance de ce qui se passoit au conseil : je croyois que vous m'y serviez de bonne foi : pour vous engager à vaincre, comme vous le pouviez aisément, les obstacles qui sembloient embarrasser votre bonne volonté, je m'exagérois à moi-même une obligation dont vous ne m'avez que trop dispensé; mais la sensibilité ardente que je vous montrois pour des services chimériques, rapprochée de vos procédés réels, en feroit la plus horrible satyre. Vous me perdiez, & je vous remercios de me sauver.

Ecartons donc ces titres auxquels vous ne pourriez penser sans rougir; ne parlons plus de ma reconnoissance à moi, mais des efforts par lesquels auroit dû s'annoncer la vôtre.

Trois ans d'un ministere, doublé sur la fin, n'en ont produit aucun : malgré les déclarations nettes que j'ai cru devoir réitérer deux fois, vous êtes resté dans un silence fondé peut-être sur l'effroi que vous vous êtes flatté de m'inspirer. Vous vous êtes joué d'abord de mes talens, de mon zele, de ma confiance; vous avez enſuite abuſé de votre élévation pour méconnoître des droits qu'elle ne devoit rendre que plus preſſans & plus ſacrés.

Vous ne pouvez m'accuſer d'avoir attendu les événemens pour éclater. Je puis au reſte vous jurer qu'ils n'ont aucun rapport avec ma réclamation : quand ils auroient pris un autre cours, elle n'en auroit pas moins eu lieu, ſi vous n'étiez pas enfin devenu plus juſte. Vous me connoiſſez aſſez pour croire ſans peine qu'ayant à en venir à un combat de cette nature, j'aurois mieux aimé attaquer en vous l'idole de *Verſailles*, que le ſolitaire de *Veret*.

Quelle que ſoit votre ſituation, elle n'influe donc en rien ſur mes démarches; mais je ne me diſſimule pas qu'elle doit ſervir à diriger les vôtres. Croyez-moi, M. le Duc ; la patience avec laquelle je vous écris cette longue lettre, les délais que je vous laiſſe avant de former une demande publique, ſont encore de ma part des traits d'ami. Un homme au point où vous êtes, doit ſur-tout ſe faire oublier ; du moins s'il veut être ramené ſur le théatre, il ne faut pas qu'il y rentre par une affaire où ſon cœur & ſon ame ſoient inculpés.

Mes titres ſont certains & ſacrés : vous ne pouvez les éluder ſans vous couvrir d'infamie ; il n'y a pas d'homme qui ne ſe ſouleve contre vous, en liſant cette lettre, & je vous préviens qu'elle fera toute ma défenſe, avec un court récit des faits paſſés entre nous. Vous ſerez forcé d'aſſoupir la procédure, après en avoir eſſuyé toute l'humiliation ; après avoir dévoré pour vingt millions d'opprobres, il n'en faudra pas moins finir par payer ce que je vous demande ; ou, en ſuppoſant que vous obteniez des tribunaux quelque diminution, ce gain honteux vous indemniſeroit-il de la perte de tout le reſte ? Je ſuis, &c.

A Paris, ce 2 ſeptembre 1774.

Le lendemain, 3 ſeptembre, j'écrivis encore la lettre ſuivante.

MONSIEUR LE DUC.

J'ai eu l'honneur de vous écrire hier : je vous écris encore aujourd'hui : vous n'en ferez pas furpris. Je n'ai pas d'affaire plus férieufe que celle qui fe traite entre nous ; il n'y a pas de minute où je ne m'en occupe ; & l'abondance des idées qu'elle me fait naître, me fuffoqueroit, fi je n'avois le foulagement de vous les communiquer.

Je ne puis ni concevoir ni digérer la dureté de la lettre que M. le chevalier d'Abrieu a écrite en votre nom, & des apoftilles dont votre intendant l'a accompagnée. Quoi ! ils ofent dire que *mon procédé eft révoltant ;* que je manque envers vous *aux égards, à la reconnoiffance ;* que *tout devoit être fini entre nous ;* que vous avez été indigné de me voir réveiller une affaire que vous *deviez croire oubliée ;* que les avocats *n'ont point d'action pour répéter leurs honoraires*, & mille autres propos de cette nature.

Moi, oublié de vous ! tout fini entre nous ! & tout fini parce que l'honneur doit m'enchaîner feul ! Quelle efpece d'hommes font donc vos agens ! avec quelle indécence, quelle indignité ils vous font parler ! Si les réflexions que j'ai pris la liberté de mettre hier fous vos yeux, ne fuffifoient pas pour vous perfuader de l'équité de ma prétention, fi M. le chevalier d'Abrieu & fes pareils ofoient encore y trouver de l'indécence & de l'injuftice, en voici qui acheveront peut-être de vous convaincre.

Je vous ai déjà dit hier quelque chofe fur la joie indécente que j'ai vu briller dans les yeux de votre intendant, quand il m'a annoncé que les avocats n'avoient point d'action pour répéter leurs honoraires, & qu'on le lui avoit bien affuré. Je vous ai prouvé par des exemples, que ce principe étoit faux en général, que le titre d'avocat n'étoit ni un obftacle aux réclamations juridiques contre un client ingrat, ni une raifon pour les écarter des tribunaux ; ce feroit tout au plus une affaire à débattre entre l'ordre qui auroit établi cette regle, & le membre qui croiroit avoir des raisons de s'en dispenser.

Ni les juges, ni vous n'auriez le droit de vous en mêler. Il seroit bien étrange qu'un homme, par cela seul qu'il seroit dévoué à réclamer pour les autres le secours des loix, ne pût en profiter pour lui-même, & qu'il y eût dans la société un état qui mît au rang de ses prérogatives l'obligation de renoncer à la faculté la plus précieuse d'un citoyen.

Mais quand il seroit bien démontré qu'un avocat, par cela seul qu'il est avocat, n'a pas de ressource contre l'ingratitude, oubliez-vous que vous vous êtes enlevé celle-là à vous-même, & que ce foible bouclier, vos procédés envers moi, ne vous permettent plus de me l'opposer ?

Voyez donc où j'en suis. On m'a rayé du tableau : on m'en a rayé par votre ordre, & pour vous complaire : loin de contribuer à m'y rétablir, comme vous le pouviez ; loin de vous charger du moins de la négociation qui sembloit devoir produire cet effet, vous vous êtes empressé de déclarer *que vous n'y preniez aucun intérêt*. Vous m'avez renvoyé à des agens que vos signes secrets glaçoient ou enhardissoient dans leurs démarches, selon qu'elles pouvoient me servir ou me nuire ; & vous prétendriez m'opposer des devoirs qui ne seroient attachés qu'à l'inscription sur le tableau !

Il falloit me conserver cet état, si vous vouliez m'en faire supporter les obligations ; ou il faut cesser de vous en prévaloir, dès que vous avez exigé ou du moins souffert bien volontiers qu'on me l'ôtât.

En ce moment, ce n'est donc de la part de vos gens d'affaires qu'une iniquité de plus que ce moyen dont ils ne peuvent faire usage qu'en vous rappellant vos injustices.

Un pontife Romain disoit qu'il ne concevoit pas comment deux aruspices pouvoient se rencontrer sans rire. J'oserai vous demander si vos agens & vous, pouvez vous entretenir de moi sans rougir ?

Quand je ne serois pas avocat, rayé de vos œuvres ; quand je jouirois encore des prérogatives attachées à cet état, & de sa gloire, que j'ai augmentée peut-être, est-il bien vrai que je risquerois de la flétrir par la prétention que j'éleve aujourd'hui ? Dans le fond, M. le Duc, seroit-il si difficile de prouver que cette délicatesse dont les seuls avocats du parlement de Paris se targuent si fort, est une chimere, & peut-être même une charlatanerie tyrannique, dont le bien commun de la société exigeroit la suppression ? Il en est de cet usage au moins comme de tous les devoirs trop austeres dont la rigueur apparente ne se soutient que par des infractions secretes. S'il étoit scrupuleusement observé, c'est sur-tout à l'honnêteté qu'il deviendroit nuisible, parce qu'elle ne sauroit pas l'éluder. C'est la même chose que le célibat pour le sexe. Ce sont précisément les filles les plus vertueuses qui en sont les plus importunées.

Mais l'est-il observé ? Est-il bien vrai que ce soit le désintéressement qui l'ait accrédité ? Qu'a donc produit au barreau cette renonciation si imposante à l'exercice d'un droit que les loix ne réprouvent point, & dont le sacrifice ne deviendroit honorable qu'autant qu'il seroit sincere & entier ?

En général, les avocats ne sont pas plus dupes que les autres hommes ; par état même ils doivent l'être moins. Aussi j'en atteste le grand nombre des plaideurs qui ont eu besoin de leurs secours ; je les interpelle de rendre compte des précautions que les plus honnêtes jurisconsultes se permettent de prendre, pour se dispenser du besoin de recourir à une répétition juridique du prix de leurs travaux. Ils rougiroient de demander leur salaire après des services rendus ! Mais ils les font payer d'avance. Il n'est permis de les aborder que l'argent à la main. Il n'est pas étonnant que des gens si précautionnés dans les préliminaires, dédaignent de s'occuper des suites. Leur noblesse apparente pour l'avenir n'est qu'un moyen plus sûr de rançonner sur-le-champ. Elle couvre bien plus de concussions que de sacrifices.

Je n'ai pas cru devoir les imiter : j'ai toujours eu sous les yeux le beau passage de Quintilien sur cette matiere (*). Il proscrit *comme un brigandage & une abomination*, *ce pacte qui met un impôt sur les dangers* ; il prétend que *quiconque n'a pas entiérement le cœur corrompu*, *doit l'avoir en horreur* : il assure qu'*en défendant des gens honnêtes & des causes honnêtes, on n'a pas d'ingratitude à redouter*. Quel arrêt, M le Duc!

Il a toujours été la regle de ma conduite. J'ai prodigué à mes cliens, dans le court intervalle où j'ai exercé ma profession, mon tems, ma peine, ma santé, mes forces. Jamais je n'ai pris avec eux aucune précaution. Il est vrai pourtant, à la honte de la nature humaine, que malgré l'oracle de Quintilien, n'ayant jamais défendu que des causes honnêtes, je n'ai guere encore, avec ce procédé, fait que des ingrats. Mais si j'ai consenti à garder le silence dans d'autres occasions, dans un tems où l'exercice de mon état me rendoit les pertes de ce genre moins sensibles, & quelquefois où la situation des débiteurs sembloit excuser leur oubli, je ne suis que trop dispensé aujourd'hui, & sur-tout à votre égard, de me piquer de cette indulgence absurde.

Ma confiance en vous n'étoit qu'une obligation de plus pour vous d'y répondre.

Dans cette ferveur de délicatesse, dans cet enthousiasme d'honnêteté qui ne va qu'avec la jeunesse, & qui souvent la perd ; ayant à défendre M. le Duc d'Aiguil-

(*) Paciscendi quidem ille piraticus mos & imponendi periculis prætia procul abominanda negotiatio etiam a mediocriter improbis aberit, cum præsertim bonos homines bonasque causas tuenti non sit metuendus ingratus. *De Instit. Orat.* lib. XII, cap. VII.

lon, & M. le duc d'Aiguillon malheureux, je ferois mort de honte, si j'avois eu feulement la penfée de lui parler d'un marché. Je me ferois regardé comme le plus vil des hommes, si j'avois mis à prix fa juftification & profité de fon péril; si j'avois pu imaginer que ce fût à moi à m'occuper de fa reconnoiffance, avant de l'avoir méritée.

Je ne me ferois cependant pas déshonoré certainement par une défiance dont ce qui arrive aujourd'hui démontre la néceffité, & que l'exemple de tous mes confreres, fans exception, auroit légitimée. Pourrois-je l'être en réclamant contre l'abus que vous avez fait d'une fécurité que l'honneur juftifioit? La queftion réduite à ce point de vue, feroit, non pas si les avocats ont, ou n'ont point, le droit d'intenter une action pour leurs honoraires, mais si vous avez, vous, le droit de me punir de vous avoir cru le cœur honnête & l'ame fenfible, & de me confifquer ces honoraires, parce que j'ai dédaigné de m'en affurer à tems le recouvrement.

Croyez-vous, M. le Duc, que ces idées préfentées à des juges impartiaux, ne me concilieront pas tous les efprits? Ne voyez-vous pas qu'en fuppofant qu'il y eût une regle, une loi, pour nous faire tomber des mains la plume confacrée à la défenfe de la juftice, quand nous voulons en faire ufage pour nous-mêmes, je ferois dans le cas de l'exception?

Mais il n'y en a pas de loi de cette nature. Les tribunaux écarteroient fans doute, & avec raifon, un jurifconfulte avide, qui n'ayant égard ni aux forces de fes cliens, ni à la nature de leurs affaires, prétendroit les forcer à fe dépouiller eux-mêmes en fa faveur, fous prétexte de reconnoiffance, de ce qu'il auroit empêché la chicane de leur enlever, & leur découvriroit un corfaire infatiable dans l'homme qu'ils auroient appellé à leur fecours comme un protecteur bienfaifant.

Mais si c'eft le client lui-même qui joue ce rôle odieux; si dans une affaire où il s'agiffoit de fa fortune, de fon honneur, de fa tête même; où l'on ne pouvoit l'arracher à tant de périls, qu'en les partageant; ayant trouvé un homme capable de ce dévouement généreux; jouissant par lui-même de la plus prodigieuse opulence; étant parvenu au comble des grandeurs & du pouvoir, non seulement ce client insensible n'a profité ni de ses places, ni de son crédit pour s'honorer en associant à ses succès celui qui a osé s'associer à ses dangers; non seulement il a négligé de soutenir son défenseur, exposé lui-même depuis à des revers, privé de son état par la plus révoltante injustice, & n'ayant jamais pu acquérir de fortune à cause de son désintéressement; mais même il refuse d'acquitter la plus légitime des dettes, de satisfaire à la plus juste des créances; s'il joint à ce refus honteux, des manœuvres criminelles; s'il ose décrier son sauveur comme un enthousiaste dangereux que l'on doit redouter, & essayer de justifier sa propre indifférence en laissant soupçonner qu'il a à reprocher de mauvais procédés; alors, M. le Duc, les tribunaux doivent s'armer contre une ingratitude aussi coupable; ils doivent forcer un pareil homme, non pas à devenir honnête, parce que la vertu ne se commande pas, mais à se conduire comme s'il l'étoit, parce que les actions des hommes qui leur sont subordonnés, dépendent d'eux. C'est encore là le principe de Quintilien (*). *De ce que de semblables services*, dit-il, *ne doivent pas se vendre, il ne s'ensuit pas qu'ils doivent se perdre.*

Il ne s'agit donc plus que de savoir quelle a été votre conduite envers moi, depuis que vous avez eu la cruelle idée de me faire partager votre célébrité, & de m'en donner une qui n'a été utile qu'à vous. Je n'ai qu'à vous retracer un compte naïf de ce qui s'est passé entre nous. Ne parlons plus de rôles, ni de vacations, parlons de faits propres à fixer l'opinion des juges & de tous les honnêtes gens.

(*) Non enim quia venire hoc beneficium non oportet, perire oportet.

J'ai entrepris & exécuté pour vous le plus immenſe travail peut-être, & certainement le plus périlleux auquel jamais homme de mon état ſe ſoit dévoué. Péliſſon a auſſi défendu M. Fouquet, il eſt vrai, dans des circonſtances délicates; mais Péliſſon avoit eu part à la proſpérité du ſurintendant, dont on le croyoit complice. Il étoit à la baſtille; il travailloit à s'en ouvrir les portes, en juſtifiant ſon ancien protecteur. Celui-ci, accuſé d'une prodigalité généreuſe, n'avoit d'autres ennemis que ſes rivaux. La commiſération univerſelle enhardiſſoit la main qui s'armoit pour lui: la ſuite a même prouvé que cet effort exigé par l'intérêt perſonnel, n'avoit rien de contraire à la politique. La perte du client ne nuiſit point à la fortune du défenſeur. Péliſſon parvint, ſous le miniſtere de Colbert, à une élévation que M. Fouquet lui-même auroit à peine oſé lui promettre.

Quelle différence à tous égards entre M. Fouquet & vous, entre votre affaire & la ſienne, entre Péliſſon & moi!

Quand vous m'avez fait l'honneur funeſte de me charger de votre confiance, j'étois libre, j'avois un état indépendant, je ne vous connoiſſois que de nom, & il n'exiſtoit pas un ſeul motif qui pût me faire deſirer une liaiſon avec vous. Quoiqu'innocent au fonds, vous aviez un tort terrible, celui de paroître univerſellement haï & redouté: il falloit, pour oſer vous défendre, braver la nation; il falloit arracher à la crédulité ſon bandeau, à la fraude ſon maſque, à la calomnie ſes traits, au haſard d'en être percé ſoi-même, enfin vous couvrir de ſon corps, & riſquer ſon exiſtence pour ſauver la vôtre.

Il étoit impoſſible de prévoir alors les événemens qui ont ſuivi; vous pouviez ſuccomber au moins autant que réuſſir. L'homme imprudent qui s'attachoit à votre fortune, devoit s'attendre à partager des revers plutôt que des ſuccès; ceux-ci pouvoient ne le mener à rien, & les autres le perdoient ſans reſſource.

Cette terrible alternative ne m'a pas échappé ; mais elle n'a fait qu'augmenter mon zele. Par un effet de ma malheureuse organisation, je me suis affecté de votre affaire plus vivement peut-être que vous-même. Du moment que j'ai pris la plume pour vous, l'enthousiasme m'a gagné : ma tête s'est allumée du feu qui brûle habituellement dans mon cœur : je n'ai vu que vos malheurs & l'injustice de vos ennemis : je n'ai pensé qu'à la gloire de braver leur puissance & de déconcerter leurs projets ; je me suis livré à cette démence plus imprudente encore que généreuse, sans examiner si je n'excédois pas mon ministere, si je ne m'exposois pas à vous fatiguer vous-même par cette impétuosité, à vous inspirer de la défiance, à passer dans votre esprit pour un caractere fougueux qui vous servoit par saillie plus que par attachement, & dont les écarts seroient plus dangereux que le zele n'en pourroit être utile. Enfin je me suis conduit en tout comme ces jeunes indiscretes que le tempérament trahit, & qui décréditent leurs faveurs, faute de savoir les faire attendre.

C'est une grande sottise à moi, je l'avoue ; mais si je n'en avois pas été capable, M. le Duc, l'aurois-je été de tout le reste ? Aurois-je bravé vos ennemis, & le cri universel qui vous poursuivoit avec tant d'acharnement ? Aurois-je résisté aux tracasseries sans nombre que m'ont fait éprouver la jalousie de votre intendant, que vous n'aviez pas consulté pour m'appeller à votre conseil ; la rivalité des autres avocats élus pour le former, & qui étoient bien plus jaloux d'avoir les honneurs de votre défense, que d'en assurer le succès ; votre timidité à vous-même, ou plutôt l'envie dominante que vous aviez de tout faire, soit dans la crainte d'être compromis, soit par le desir de n'attribuer qu'à vos propres efforts la gloire de votre justification ? Tous ces différens intérêts, vous le savez, m'ont cent fois donné des dégoûts affreux ; je n'ai pu les vaincre que par ce caractere opiniâtre, inflammable & en même tems inflexible, que la nature m'a donné, & qui me fait tout facrifier pour réuffir dans ce que j'ai une fois entrepris fous les aufpices de l'honneur & de la vérité.

On ne m'avertiffoit point les jours de confeil : en conféquence je n'avois garde de m'y trouver. Vous en montriez de la furprife & du mécontentement ; on ne manquoit pas de vous affurer que c'étoit là ma méthode, que vous ne pouviez pas plus compter fur mon exactitude que fur ma docilité.

On vous donnoit des confeils abfurdes ; je les combattois de toute ma force. Tout le monde fe réuniffoit pour les approuver & vous faire fentir combien un homme auffi contrariant étoit dangereux & incommode.

Je ne voulois rien faire que fur les originaux ; ils couroient de main en main chez vos autres avocats, fans que je puffe les attrapper ; celui à qui on les demandoit pour me les renvoyer, s'en étoit toujours défait la veille, ou en avoit befoin pour le lendemain. Vous-même, vous vous étiez flatté que cette communication me paroîtroit indifférente, que je ne travaillerois que fur vos extraits. On m'apportoit tous les matins quelques lignes de votre écriture, & l'on venoit le foir me demander avec humeur à voir comment je les avois translatées en françois. Il fembloit que vous ne m'euffiez pris que comme un enlumineur à gages, pour décorer vos découpures d'une couche de couleurs.

Quand j'eus dévoré & furmonté tous les obftacles, quand j'eus eu le plaifir de jouir de votre furprife au premier développement de ce plan fi fimple, & j'ofe dire, fi noble, fur lequel la critique n'a point trouvé de prife, à ce tableau des devoirs d'un commandant de province, à l'efquiffe de la tenue de vos états la plus laborieufe & la plus compliquée, je crus l'envie de mes confreres & votre confiance fubjuguées. Point du tout : des critiques puériles ou malignes vinrent me défoler.

On épluchoit les mots, fous prétexte de concifion ; on me retranchoit des moitiés de phrafes, fans vouloir que j'y ſubſtituaſſe rien. Sous prétexte de clarté, on gliſſoit dans le manuſcrit des fautes groſſieres, & l'on vous engageoit à me défendre de les réformer. Enfin, on pouſſa l'infidélité au point d'imprimer ſans ma participation, cinq feuilles entieres toutes différentes de ce que je les avois compoſées, & un exorde de votre façon, qui ne m'avoit pas même été communiqué.

Il falloit malheureuſement que je ſignaſſe : à la vue de cet étrange alliage, je refuſai nettement de proſtituer mon nom au bas d'une production ainſi flétrie. Vous me fites dire d'abord qu'on ſe paſſeroit bien de moi, & que le procureur ſigneroit. Je ne fus pas ébranlé ; vous m'envoyâtes cent louis, je les renvoyai en diſant que je vous donnois ce que vous adoptiez de mon travail, mais que ſi vous vous paſſiez de ma ſignature, je n'avois pas beſoin de votre argent.

Il fallut négocier. On ſupprima vos feuilles & votre exorde : je rétablis une partie des miennes : je refis le reſte : le mémoire parut.

Je n'ai pas beſoin de vous rappeller l'impreſſion qu'il produiſit. Vous ne pouvez pas l'avoir oubliée. On me rapporta, en m'avertiſſant que c'étoit un à-compte, les mêmes cent louis que j'avois rejetés d'abord ; & par une équivoque qui ſeroit plaiſante, ſi les circonſtances ne la rendoient odieuſe, on m'a tenu compte depuis des deux envois. On a oublié le ſuccès du premier, & votre agent le chevalier d'Abrieu a prétendu très-ſérieuſement par écrit, que j'avois reçu deux cents louis, en feignant de ne pas ſe ſouvenir que de ces deux moitiés il n'en étoit reſté qu'une chez moi.

Les procédures de la cour des pairs furent annullées, mais cette extinction laiſſoit des idées inquiétantes. Le terrible arrêt du 2 juillet avoit été caſſé, mais l'opinion ſubſiſtoit. Pour la ſubjuguer, vous m'engageâtes à un autre ouvrage plus étendu encore, plus accablant par ſa maſſe & ſes détails : j'y mis la main, vous ne crûtes pas devoir le publier alors ; & comme ſi ce délai avoit dû enchaîner votre reconnoiſſance, votre interprete ne m'apporta que cent louis, avec la formule usitée de m'avertir que c'étoit un *à-compte.*

Dans cet intervalle on m'avoit brûlé à Rennes. C'étoit peu, on me répondit, il fallut repliquer, nouvelle fatigue. Alors j'eus moins de désagrémens, les circonstances étoient changées; le succès vous avoit enfin fait présumer que je pouvois mériter quelque confiance. D'ailleurs ce n'étoit pas comme avocat que je travaillois à cet ouvrage. Sous quelque point de vue qu'on envisage les *observations sur la réponse des états*, il est sûr que c'est une production longue & pénible, moins brillante, mais qui m'a coûté plus encore que les deux premieres.

Averti, par votre propre mere, de me défier de vous; prévenu de ne pas compter sur votre reconnoissance, & de prendre mes précautions avant que de m'exposer aux risques dans lesquels vous me précipitiez, je vous demandai la grace d'*être fermier*, pour ma vie, d'une de vos terres (*). Vous rejetâtes cette proposition avec insulte; & au lieu de cette faveur qu'un étranger auroit peut-être obtenue, vous me fîtes remettre cent louis, toujours *à-compte*. Il auroit été bien tems de procéder au compte définitif; c'est ce qui n'a pas eu lieu: mais vous avez été fait ministre.

Alors, je l'avoue, j'ai conçu des espérances pour l'avenir. Je me suis flatté que j'allois vous devoir, non pas une fortune brillante, je n'y ai jamais prétendu, mais une aisance honnête, & un repos déjà trop bien acheté. Je me suis promis que vos bienfaits me mettroient en état de devenir le bienfaiteur de ma famille, & peut-être même celui de quelques gens de lettres, qui me faisoient l'honneur de me regarder comme leur ressource.

Ces idées n'étoient pas destituées de raison; elles

(*) Autre proposition que l'on a indignement défigurée dans le public. On a répandu & affirmé que le suppliant avoit exigé du sieur duc d'Aiguillon une terre de trente mille liv. de rente, en pur don.

étoient justifiées par vos promesses, par vos devoirs, par l'exemple des . . . des . . . &c. en qui vous reconnoissiez par une profusion de graces, ou la simple bonne volonté, ou des services, si secrets, qu'il étoit impossible de les imaginer. Elles l'étoient par l'acharnement du public à me désigner pour toutes les places dont vous aviez la disposition. Moins instruit de ce qui se passoit dans votre cœur, que de ce qui devoit s'y passer, il poussoit jusqu'à l'importunité l'hommage anticipé qu'il rendoit à votre reconnoissance : tous les emplois, tout le crédit étoient pour moi; il sembloit que vous ne dussiez avoir qu'un titre, & que j'allois jouir de toute la réalité de la place. C'étoit une folie, je l'avoue : j'ai été le premier à en rire; mais j'étois loin de prévoir que cet emportement qui faisoit honneur à votre sensibilité, & dont votre prédécesseur se seroit glorifié, dût être l'arrêt de ma proscription : c'est pourtant ce qui est arrivé.

Je ne tardai pas à en avoir la preuve. Un accueil froid, un air sec, des paroles vagues renfermées dans une réponse courte, furent le cérémonial avec lequel vous me reçûtes quand je vous fis mon compliment. Je sentis bien qu'il ne falloit vous importuner ni de mes espérances, ni de mes recommandations; je dissimulai les unes, je pris le parti de m'interdire les autres. J'étois accablé de lettres qui réclamoient ma protection. Pendant trois mois mon tems s'est passé à désabuser mille demandeurs incrédules, qui presque tous sont devenus mes ennemis, parce qu'ils ont supposé en moi de la mauvaise volonté, au lieu d'y voir de l'impuissance. Si j'ai eu dans le commencement l'imprudence d'écouter quelques-uns de ces solliciteurs & de vous faire parvenir leurs prieres, c'est que c'étoient des malheureux qui n'avoient pas de support d'ailleurs. Je croyois qu'il devoit entrer dans vos vues de vous faire une réputation de bienfaisance, je croyois vous servir encore en vous présentant les occasions de prouver que vous la méritiez.

Au reste j'ai été discret dans mon indiscrétion même: d'environ mille suppliques que j'ai reçues, je ne vous en ai pas communiqué dix ; & à l'exception d'une qu'il ne vous étoit pas possible de rejeter, par la maniere dont je la présentois, je me suis apperçu que j'avois nui à toutes celles que j'avois cru fortifier, en prenant la liberté de les appuyer.

Après six mois d'attente & d'affronts, je hasardai de solliciter une audience pour moi-même ; je l'obtins avec peine. Je vous représentai modestement que vous m'aviez fait des promesses qui ne se réalisoient point. Vous me dites que j'avois trop d'*âpreté*; j'attendis six autres mois, après lesquels je renouvellai ma remontrance; vous m'accusâtes d'*ingratitude*. Ne sachant jusqu'où devoit aller cette gradation de reproches, je voulus savoir sur quoi celui-là étoit fondé; vous me dites vous-même que c'étoit sur ce que *vous m'aviez fait dîner avec tous les ambassadeurs*. Je cessai dès ce moment de paroître à votre table : je ne voulus plus d'un honneur qui me coûtoit si cher.

Dès ce moment aussi je n'ai plus reçu de vous ou à votre occasion que des injustices ou des outrages ; non seulement vous ne m'avez pas accordé de graces, mais vous n'avez pas rougi de me dépouiller de ce qui m'appartenoit légitimement, pour en enrichir vos créatures (*). Non seulement vous ne m'avez pas soutenu dans les revers que j'ai essuyés, & où un ministre, même étranger à moi, n'auroit pu que s'honorer en me protégeant : mais vous m'avez nui : mais vos plus chauds partisans, soit sur des ordres secrets, soit d'après leur seule sagacité, sont devenus mes plus cruels adversaires. Mais vous-même, par les propos les plus injurieux, les plus outrageans sur mon compte, vous avez affecté d'annoncer hautement que vous ne preniez aucun intérêt à mon sort, dans le tems où, pour

(*) Il y a sur cet article deux anecdotes incroyables, qui ont eu des témoins.

enhardir mes ennemis, il suffisoit peut-être de le prouver par votre conduite.

Et ce qu'il y a d'étrange, c'est que les incidens fâcheux qui me sont arrivés, ont toujours eu le plus singulier rapport avec vos prospérités, comme si la Providence avoit voulu, ou vous donner plus de moyens pour me servir, ou vous enlever les excuses qui auroient pu servir de prétexte à votre indifférence. Je me suis trouvé avili, opprimé, écrasé, en raison de ce que votre gloire, votre crédit, votre puissance se sont affermies.

Le 2 juillet 1770, avoit été rendu le célebre arrêt qui menaçoit votre personne & votre postérité d'une tache ineffaçable; la maniere dont vous en avez été vengé, en a fait l'époque de votre grandeur. Il a entraîné par un concours funeste d'événemens, avec la chûte de vos ennemis, la ruine de la magistrature, & la plus singuliere révolution que la France ait essuyée. Le premier arrêt par lequel j'ai dû commencer à prévoir que les nouveaux juges se sentoient importunés de ma présence au barreau, est aussi d'un 2 juillet. Si j'avois pu être vengé aussi complettement que vous, mon triomphe auroit eu bien des applaudissemens, mais je me serois contenté d'obtenir justice, vous me défendites nettement de la demander.

En octobre 1773 étoient déjà prêts les degrés qui devoient vous porter à un double ministere. En octobre 1773, j'ai été exilé. Loin de faciliter mon rappel, vous y avez nui; & si vous en aviez été le maître, je languirois peut-être encore dans mon éloignement.

En janvier 1774, vous avez été nommé ministre de la guerre; en février suivant j'ai essuyé un nouvel arrêt dont l'opinion publique m'a garanti, mais qui m'a coûté mon état, & qui m'auroit coûté mon honneur, si l'honneur d'un citoyen irréprochable pouvoit dépendre d'une surprise faite à un tribunal.

Ainsi chaque faveur que vous avez reçue de la fortune, a été pour moi le signal d'une disgrace : si votre grandeur avoit encore été susceptible de quelque accroissement, il est impossible de prévoir jusqu'où auroit pu aller mon humiliation.

Ce n'est pas tout : rappellez-vous un libelle répandu au commencement de cette année, sous le nom de requête au conseil pour les *Dujonquay*. Dans ce monument effrayant d'imposture & d'audace, on lit en propres termes à la page 253, que dans l'affaire du C. de M. les juges du bailliage n'avoient osé me décréter, *parce qu'ils me croyoient protégé*. Ce mot consigné dans un écrit public, avoué publiquement par mes plus violens persécuteurs, au moment où votre nom devoit, ce semble, le plus leur en imposer, annonce bien moins la supposition d'une protection ancienne que la certitude d'un abandon présent.

Vous aviez apparemment espéré d'abord que les périls de la mélée, où je m'engageois avec si peu de ménagement, vous déferoient de moi, sans que vous y intervinssiez. Vous comptiez qu'on s'appercevroit bien de votre vœu secret à la seule indifférence que vous affectiez. Quand vous vîtes votre pronostic trompé, quand vous vous apperçûtes que votre froideur ne suffisoit pas pour éclairer mes ennemis, & que les plus méchans des hommes ne l'étoient pas assez pour concevoir que vous pussiez même rester neutre dans mes dangers, vous entreprîtes sans doute de leur dessiller les yeux, par des voies plus efficaces. C'est dans la joie indiscrete de leur triomphe, que cet aveu vraiment étrange leur est échappé.

Les effets n'ont pas tardé à s'ensuivre. Leurs bataillons se sont réunis avec plus de succès qu'auparavant, sous un étendard accrédité. Abandonnant le C. de M. qui n'intéressoit pas leur chef caché, ils se sont jetés sur moi, qui étois le but de ses attaques. Je suis tombé & resté dans le piege dont j'avois arraché mon client. Sans m'entendre, sans m'avertir, on m'a frappé de ce glaive que j'avois eu le bonheur de détourner de la tête d'un innocent.

Si cet événement avoit été le fruit d'une manœuvre étrangere pour vous, vous étoit-il permis de garder le silence? Les regles, les loix se trouvoient violées en ma personne. Quel plus beau champ pour prouver que vous vous souveniez du tems où je les avois réclamées si hautement en votre faveur! Mais alors que faites-vous? Au lieu de me soutenir, au lieu de faire éclater un zele qu'on n'auroit pas pu blâmer, quand ma conduite auroit mérité quelques reproches, au lieu d'user d'un crédit devenu prépondérant, pour instruire le feu roi, pour animer le conseil déjà accoutumé à suivre vos impressions, & dont toutes les voix, hors une, concouroient à m'accueillir, vous n'en profitez que pour laisser le souverain dans l'indécision, pour glacer vos collegues, que l'évidence & l'honnêteté échauffoient en ma faveur, pour mettre en négociation une affaire qui devoit être tranchée sur-le-champ, pour faire rétracter par un ordre particulier & secret, la premiere faveur que le cri de l'équité violée auroit forcé le conseil de m'accorder publiquement.

En supposant que des considérations particulieres vous eussent fait une nécessité d'éloigner ce tribunal d'une résolution vigoureuse, au moins mon affaire une fois mise en arrangement, il n'y en avoit aucune qui pût vous défendre de vous en mêler. Sous le point de vue le plus sévere, mon prétendu délit ne pouvoit être regardé, que comme une imprudence; en sollicitant, en stipulant pour moi, vous vous seriez honoré vous-même; & si vous aviez sérieusement voulu réussir, vous n'en aviez pas d'autre moyen; aussi est-ce ce que vous n'avez pas fait.

Vous vous êtes empressé de déclarer que vous ne preniez aucun intérêt à mon affaire; vous vous êtes hâté de vous reposer sur un autre de cette négociation meurtriere, destinée à consolider la victoire de mes ennemis, & de la renvoyer à un agent, qui, par la maniere dont il m'a joué pendant trois mois, vous auroit fait un cruel outrage, s'il n'avoit pas été bien instruit de vos intentions.

Ici, je me fais à moi-même une question bien naturelle. Dans le moment où je vous ouvre mon cœur, où j'en remets sous vos yeux toutes les blessures, il faut bien que je vous la communique, ainsi que la maniere dont je la résous.

Vous m'avez voué une haine implacable au moment même où j'ai commencé à vous servir : j'en ai de bien singulieres preuves. Vous vous êtes fait dès lors un plan médité & bien réfléchi de m'anéantir ; vous ne l'avez jamais perdu un moment de vue. D'où peut venir un acharnement si peu conforme au cours ordinaire des choses, si contraire à la marche usitée du cœur humain ? L'ingratitude d'indifférence n'est pas rare, mais celle de haine n'est pas commune heureusement. On ne voit pas souvent le serpent réchauffé piquer son bienfaiteur ; & l'anecdote de Cicéron, assassiné par un de ses cliens, étoit jusqu'à ce moment une atrocité unique dans l'histoire du barreau. Quel motif a pu vous déterminer à en renouveller l'opprobre ? Je l'ignore, mais voici ce que je puis soupçonner.

Quand vous m'avez fait l'honneur funeste de me choisir pour votre organe auprès du public, vous comptiez très-peu sur ma capacité ; peut-être même vous seriez-vous bien gardé de venir à moi, si vous m'aviez supposé un autre talent que celui du style. Vous vous étiez flatté que, ne connoissant rien en politique, étant neuf en matiere d'administration, n'ayant pas l'habitude de ces tracasseries décorées du beau nom de négociations, & desquelles dépend le sort des états, je n'oserois pas même imaginer de m'y embarrasser seul ; que je travaillerois sur vos extraits ; que je ne verrois que ce que vous voudriez que je visse ; qu'encore une fois, je serois dans votre cause un enlumineur subalterne, employé uniquement à couvrir vos pensées d'un vernis plus ou moins brillant.

Par-là, la gloire de vous être défendu vous-même, vous feroit reftée; je n'aurois eu d'autre mérite que de vous avoir prêté ma plume & mon nom; & comme il entroit peut-être dans ce plan autant d'économie que d'amour-propre, vous m'aviez choifi peu connu, afin que je vous coûtaffe moins; & jeune, afin de me trouver plus docile.

Quand vous eûtes vu ma maniere de faifir & de jetter les traits; quand vous vous fûtes apperçu que je voulois combattre à ma façon, & non pas à la vôtre, que je préférois le bien de la caufe à la déférence pour votre perfonne, que fans m'en rapporter à votre parole, ou à celle de vos agens, je voulois tout voir, tout vérifier, & qu'il étoit impoffible de donner à ma plume une autre impulfion que celle qu'elle recevoit de mon cœur; qu'enfin j'agiffois comme un patron indépendant, & non pas comme un mercenaire aveugle; vous vous dites bientôt à vous-même que je n'étois pas votre homme.

Les applaudiffemens donnés au premier mémoire, fait malgré vous & vos agens, loin de me mériter ma grace, ne vous parurent que de nouveaux outrages; & enfuite l'acharnement du public à me défigner pour toutes les places, les faveurs qui dépendoient de vous firent encore d'autres plaies à votre cœur déjà ulcéré. Si vous aviez été enclin à la reconnoiffance, vous auriez vu avec plaifir une difpofition univerfelle à en accueillir les effets; mais avec une pente toute contraire, vous n'avez pu qu'être importuné de ce concert unanime à vous rappeller des devoirs que vous ne vouliez pas remplir.

Peut-être même avez-vous craint de vous dégrader en m'élevant. Vous vous êtes peut-être imaginé qu'on prendroit une trop haute idée des fervices que vous aviez reçus de moi, fi vous en paroiffiez trop pénétré. Pour prouver que votre innocence éclatoit affez d'elle-même, vous vous étes perfuadé qu'il falloit négliger, abaisser sans pitié, perdre enfin celui que l'on soupçonnoit de l'avoir fait briller. Ces dangers chimériques de la reconnoissance, combinés avec la rancune primitive dont je viens de parler, vous ont élevé peu à peu au-dessus des scrupules que devoit nécessairement vous causer l'ingratitude.

Vous aviez trop d'esprit, cependant, pour ne pas sentir que mon travail vous seroit utile, & pour vous en priver; mais vous n'avez pas pu prendre sur vous de me pardonner de vous avoir résisté. Pour concilier votre intérêt avec votre vengeance, vous avez d'une part adopté mes services, & de l'autre formé le projet de me perdre, dès que vous n'en auriez plus besoin; & c'est ce que vous avez très-adroitement exécuté. Si ce ne sont pas là vos vrais motifs, daignez donc m'en instruire, & expliquez les faits qui supposent nécessairement ceux-là.

Si j'avois eu, au moment de votre élévation, la sagesse de me tenir à l'écart, si j'avois consenti à me laisser oublier, peut-être auriez-vous bien voulu ne pas vous souvenir de moi; vous auriez cru faire assez pour vous acquitter, de me montrer l'indulgence du loup envers la cigogne; mais je n'ai pu vous mésestimer assez pour me condamner à cette indifférence injurieuse; j'aurois cru vous outrager, en paroissant me défier de votre ame. Je me suis présenté, & ma contenance en ce moment vous a encore aigri.

J'ai réclamé vos bons offices, votre amitié plus que votre protection. En annonçant hautement que je n'étois pas votre créature, j'ai osé penser & dire que j'avois des droits à un attachement éternel de votre part: enfin j'ai porté dans votre cabinet le même cœur que vous m'aviez trouvé dans le mien. Dès-lors mon crime a été irrémissible, & ma perte résolue sans retour.

D'autres ministres, avec les mêmes intentions, auroient songé à déguiser leur ressentiment; ils auroient du moins affecté de signaler leur magnificence, afin de rendre leur passion d'autant moins suspecte. Ils auroient paré leur victime avant que de la frapper ; & l'ingratitude ne venant qu'après les symptomes de la reconnoissance, auroit paru l'effet de la nécessité plutôt que celui de la dépravation du cœur. Vous avez trouvé que cet appareil étoit de trop : en m'immolant, vous avez épargné jusqu'aux festons du sacrifice : votre vengeance ne s'en est pas moins trouvée consommée, & vous avez gagné ce que vous auroient coûté les guirlandes.

Encore une fois, M. le Duc, tant que j'ai conservé mon état, j'ai pu souffrir en silence cette étrange économie ; mais aujourd'hui que vos desirs sont satisfaits, il est tems de faire parler mes droits ; j'en ai, je les soutiendrai ; & les tribunaux, je le répete, me feront justice, si vous me la refusez. La question devant eux se réduira à savoir si vous avez la prérogative de vous jouer impunément de la confiance, du zele, de ce que la nuture & l'étude ont pu donner de talens à un galant homme qui a payé si cher les services qu'il vous a rendus ; si vous n'êtes pas obligé de lui assurer du côté de la fortune le foible équivalent que votre cœur lui refuse ; s'il doit être enchaîné par des nœuds que vous avez brisés ; si enfin, plus malheureux que le sculpteur de Tyr, il est encore obligé de respecter son ouvrage dans un marbre insensible, qui ne s'est animé que pour creuser son tombeau.

Je suis avec respect, &c.

Telles sont, SIRE, ces lettres trop fameuses, & malheureusement jusqu'ici trop peu connues, qui ont servi de prétexte à tant de calomnies, à tant d'efforts contre le suppliant ; lettres, il le répete, destinées à rester éternellement ensevelies entre le sieur duc d'Aiguillon & lui ; lettres arrachées après quatre ans d'attente, à un ressentiment que tout le passé rendoit légitime ; lettres que jamais le suppliant n'auroit révélées, ſi le ſieur duc d'Aiguillon lui-même n'en avoit pas parlé le premier, s'il n'en avoit armé les ennemis du ſuppliant, ou ſi du moins en les produiſant au jour, il en avoit laiſſé paroître la totalité, au lieu de ſe borner, comme il l'a fait, à des extraits induſtrieux, qui ont ſurpris le public, les avocats & les magiſtrats.

Que Votre Majeſté daigne maintenant conſulter ſon propre cœur, & qu'elle décide ſi l'homme qui a écrit ainſi, après tout ce qui a néceſſité ces lettres, a mérité d'être proſcrit comme ayant manqué *aux devoirs de ſon état ;* ſi l'arbitre ſouverain des loix peut tolérer qu'elles aient été toutes enfreintes, pour condamner ce même homme avec ignominie, comme convaincu d'avoir *violé les regles de l'honnêteté* dans la défenſe des parties. Ou les loix & l'équité ne ſont que des mots, ou l'arrêt du 29 mars, qui porte ſur tout ce qui précede, ſera caſſé.

Mais ce que la juſtice ordonne ici, la politique le permet-elle ? N'y a-t-il pas des cas où des conſidérations particulieres doivent l'emporter ſur les maximes rigoureuſes des loix ? Voilà la derniere reſſource des ennemis du ſuppliant. Ils font circuler dans le public, & peut-être juſqu'aux pieds du trône, l'idée que ſa réhabilitation entraîneroit des dangers ; que le parlement ne verroit pas ſans déplaiſir détruire ſon ouvrage ; que les avocats, impatiens d'un joug nouveau, quitteroient plutôt leurs fonctions, que de s'y ſoumettre, & renonceroient, d'un commun accord, à un miniſtere qui leur ſembleroit flétri, ſi Votre Majeſté reconnoiſſoit par un acte de son autorité suprême, l'innocence d'un sujet injustement condamné par eux.

Le suppliant, SIRE, est toujours honteux d'avoir à discuter de semblables chimeres, & d'être obligé de prouver par des raisonnemens, que la cour des pairs n'est pas capable de protéger une iniquité, parce qu'à force de violences & d'artifices, on l'auroit amenée à paroître y participer; ni l'ordre des avocats, de se permettre une révolte, parce que Votre Majesté ne lui permettroit pas d'être injuste. Mais enfin il faut achever de répondre à tout, & guérir les craintes, après avoir dissipé les doutes.

§. IX.

L'arrêt du 29 mars démontré irrégulier & injuste, peut être cassé sans qu'il en résulte aucun inconvénient.

Quant au parlement, les dispositions de ces vertueux dispensateurs de votre autorité, SIRE, sont trop dignes de leurs places, pour que Votre Majesté puisse appréhender qu'ils méconnoissent la source de l'une & les devoirs de l'autre. Tous les jours le conseil, appellé comme eux à l'administration de la puissance suprême, rectifie des méprises, dont les lumieres les plus éprouvées, les intentions les plus pures, la patience la plus infatigable ne garantissent pas toujours les plus augustes compagnies. Comment celle qui donne au reste du royaume l'exemple du respect d'une part & de l'intégrité de l'autre dans votre capitale, pourroit-elle se croire outragée ici d'une réformation qu'elle-même desire dans tous les autres cas ?

Y a-t-il un seul de ces peres de la patrie, qui ne souhaite ardemment de voir annuller une décision à laquelle il a concouru, si on lui en démontre l'injustice ? Peut-on leur faire l'affront de les soupçonner d'un acharnement inflexible, ou d'une prévention aveugle contre le suppliant seul ? Ils l'ont condamné sans examen, sans l'entendre ; ils ont paru ne vouloir pas l'entendre ; ils ont flétri ses défenses & sa personne, autant qu'une proscription injuste peut être flétrissante. Mais les circonstances prouvent assez qu'ils la désavouent : c'est précisément l'excès apparent de cette injustice, qui remplit le cœur du suppliant de la plus vive confiance, que son rétablissement répandra la joie dans la cour même à laquelle il semblera faire violence. Les arrêts contre lesquels il réclame sont si évidemment contraires aux loix du royaume, ils choquent si ouvertement la jurisprudence de cette cour elle-même ; les conclusions du ministere public qui les ont précédés, renferment des principes si singuliers, si constamment démentis par le cœur & la conduite des magistrats à qui on les arrachoit, qu'on ne peut y méconnoître de la part du tribunal entier un desir secret de les voir anéantis, & une attention bienfaisante à en préparer les moyens.

Cette auguste compagnie, convaincue de l'innocence du suppliant, mais de l'audace & de la fureur de ses ennemis ; instruite par le passé que les décisions juridiques les plus formelles en faveur de celui-ci ne les arrêtoient pas ; craignant peut-être, dans un moment où deux révolutions successives avoient troublé le cours de la justice, de compromettre encore l'ordre, le bien public, & de voir dans le sanctuaire des loix, au scandale de la nation, un schisme qu'on osoit lui annoncer sans ménagement, a cru mieux servir le suppliant par une condamnation injuste dont il étoit impossible qu'il n'obtînt pas la réforme de Votre Majesté, que par une seconde réhabilitation qu'elle ne se croyoit pas la force de faire prévaloir. Craignant un choc personnel avec une cabale indomptable, qui ne rougissoit pas de violenter sur leurs sieges des magistrats désarmés, c'est aux pieds du trône qu'elle s'est flattée d'en voir briser l'audace, & réprimer les excès. Elle ne s'est piquée de condescendance que dans l'espoir de voir venger par l'autorité royale qui n'en a pas besoin, ses droits, l'innocence du suppliant, & l'intérêt universel de tous les citoyens.

Il y a plus, SIRE, cette cour auguste a depuis, dans une occasion éclatante, annoncé hautement elle-même, combien elle abhorroit les maximes odieuses présentées comme la sauve-garde de la délicatesse du barreau de Paris. Elle n'a montré qu'un profond mépris pour une consultation publiée contre le sieur Roblein, à qui on les opppsoit avec appareil. Par un arrêt authentique & imprimé, du 28 juin 1775, elle a maintenu cet avocat dans la possession de son état, sur les conclusions du sieur *d'Aguesseau* avocat général. C'est sur les auspices de ce nom à jamais mémorable au barreau, qu'il a vengé la raiſon, la juſtice, ſi cruellement méconnues dans cette inconcevable conſultation (*).

Rien n'eſt plus formellement contraire à l'arrêt du 29 mars que celui du 28 juin : on peut donc le regarder comme en étant le déſaveu & l'expiation. Le grand malheur du ſuppliant eſt, que la conſultation n'ait pas paru plus tôt. Le parlement n'avoit pas compris, en le jugeant, toute l'étendue, toute l'atrocité, tout le danger de la prétendue *diſcipline* des avocats, à laquelle il le ſacrifioit : mais une fois inſtruit par la révélation de ces effrayans myſteres, les conſidérations même qui l'avoient déterminé dans l'affaire du ſuppliant, n'ont pu le retenir. Cette cour s'eſt preſſée, dès qu'elle l'a pu, de retourner en arriere, & de conſtater, d'annoncer par une démarche éclatante le regret qu'elle avoit de s'être vue violentée le 4 février & le 29 mars. Elle s'eſt hâtée de revenir le 28 juin, à ces maximes développées par le ſieur Séguier le 4 mars, *qu'aucune compagnie, pas même celle des avocats de Paris, n'avoit le droit de diſpoſer du ſort de ſes membres, & que les tribunaux n'étoient pas moins les ſurveillans des corps deſtinés à réclamer l'obſervation des loix, que des ſociétés deſtinées ſeulement à les ſuivre.*

S'il en étoit autrement, que deviendroient donc, SIRE, ces principes ſacrés, ſi courageuſement réclamés depuis dix ans, ſi fortement ſoutenus, ſi glorieuſement confirmés, que *nul*

---

[*] Voyez cette conſultation, avec la réponſe marginale du ſuppliant, imprimée à Bruxelles.

ne peut être privé de ſon office que par mort, démiſſion ou forfaiture jugée? Cet axiome n'eſt que l'expreſſion du droit naturel : il n'a jamais pu être révoqué en doute; mais les circonſtances viennent de lui donner un nouveau degré d'évidence & d'authenticité. C'eſt celui que le ſuppliant réclameroit aux pieds de la cour des pairs elle-même, & ſur lequel il la conjureroit d'apprécier ſa réclamation contre l'arrêt du 29 mars. A-t-il à craindre qu'une compagnie ſi généreuſe, ſi zélée pour l'équité, voulût obſcurcir elle-même un principe qui, après avoir fait ſi long-tems ſa gloire, fait aujourd'hui ſa ſûreté?

On ne dira pas que le titre d'*avocat* n'eſt pas un *office*, que les fonctions peuvent en être ſuſpenduës ſans conſéquence, & la perſonne qui en eſt révetue, flétrie, déshonorée, ſans formalités. Non, SIRE, on n'uſera pas de ces ſubterfuges pour éluder une objection ſans réponſe.

Qu'eſt-ce qu'un *office?* C'eſt une profeſſion publique, exercée de l'aveu du ſouverain. Il y a de la différence dans les formes avec leſquelles on eſt inveſti du droit d'exercer. Il n'y en a point dans le caractere primitif.

Il y a plus : un *avocat* eſt un homme public. Il eſt conſacré par la volonté préciſe, & connue du prince, par le ſerment qu'il a prêté en conſéquence, par la matricule qui lui tient lieu de proviſions. Il eſt inveſti dès-lors du miniſtere auguſte de préſenter aux tribunaux la vérité qu'ils doivent chercher, & la juſtice qui les appelle à ſon ſecours.. Conſtitué médiateur entre eux & elles, il eſt aſſocié tout à la fois aux fonctions des uns, & au triomphe des autres. La confiance qui le choisit, ennoblit son ministere, plus que ne feroit la nécessité; mais cette confiance même est un titre de plus pour rendre respectable l'individu qui en est l'objet. Plus elle est flatteuse, plus l'arrêt par lequel il en seroit déclaré indigne doit être réfléchi, plus il est en droit d'invoquer le principe éternel qui ordonne en ce cas *de juger*, c'est-à-dire, d'approfondir la *forfaiture*. Le parlement de Paris en est trop vivement pénétré, pour que le suppliant puisse appréhender de lui déplaire en le réclamant.

A l'égard des avocats, SIRE, le passé ne fait que trop voir de quels excès sont capables ceux des ennemis du suppliant qui disposent du nom & des mouvemens de ce corps, pour qu'il lui soit permis de se flatter qu'on pourroit aussi facilement les ramener aux vrais principes de l'honneur & de la justice. Ce n'est pas que tout ce qu'il y a de gens honnêtes dans cette compagnie ne souhaitent ardemment d'élever la voix en sa faveur; mais ce vœu ils sont forcés de le renfermer au fond de leur cœur. Et qui d'eux oseroit compromettre son sort, son état, son honneur, au ressentiment d'une cabale autorisée judiciairement jusqu'ici, à perdre, sans forme de procès, quiconque ose balancer à servir ses fureurs, & qui a pu réduire le parlement de Paris à n'être que l'exécuteur des arrêts de mort qu'elle prononce!

Ces considérations doivent avoir du poids sans

ſans doute : mais cependant, SIRE, il n'en résulte pas, pour Votre Majeſté, une impuiſſance politique de faire triompher l'équité, & d'oppoſer enfin la préponderance des loix à une fureur capricieuſe qui les viole toutes.

Quelque paſſion que l'ordre des avocats, ou plutôt ſes moteurs, aient annoncée juſqu'ici, il eſt difficile d'imaginer que, traduits aux pieds du trône, ſommés de rendre compte de leurs motifs, ſoumis à l'examen de leurs prérogatives, ils oſent dire au MAITRE, ſous qui la nation entiere fléchit, nous ne dépendons pas de vous ; à la ſource de tous les pouvoirs, nous en avons un ſupérieur au vôtre ; au vengeur de l'innocence, de la juſtice, il ne vous appartient pas de les arracher de nos mains, quand nous voulons les immoler. Non, SIRE, ils ne tiendront pas ce langage. Leurs prétentions une fois expoſées aux rayons pénétrans qui jailliſſent de la couronne, s'évanouiront comme ces exhalaiſons de la nuit que le ſoleil diſſipe en ſe montrant.

Ils ſont un corps, dit-on, & ce corps a une prépondérance extrême ; il eſt des inſtans où cette prépondérance l'emporte ſur le reſte, où les conſidérations ſeules ſont écoutées. Ira-t-on tout bouleverſer pour un particulier, ſubordonner l'ordre entier à un homme iſolé ? On a été juſqu'à faire l'honneur au ſuppliant de lui appliquer ce mot célébre : *expedit ut unus moriatur pro populo.*

Non, SIRE, le ſuppliant n'eſt pas ſeul ; il

a pour lui l'innocence & la vérité. Il l'a déjà dit dans son *supplément:* cette escorte céleste ne peut-elle pas être comparée à celle de l'audace & de la calomnie, qui sont aux gages de ses adversaires? Mais d'ailleurs, si la crainte de choquer une foule pour servir un particulier pouvoit arrêter la justice, elle seroit par cela même inutile. Si pour être coupable impunément il ne s'agit que de se mettre en troupe, à quoi serviront donc les tribunaux? Ils ne sont institués que pour protéger le foible contre le puissant; leur unique destination est de combattre le nombre qui veut opprimer.

Ces principes, ces regles, les avocats se font gloire de les réclamer sans cesse, de les rappeller à tous ceux qui oseroient les violer. Voudroient-ils avoir le privilege exclusif de les violer eux-mêmes? Et qu'y gagneroient-ils? Rien autre chose, comme l'a dit ailleurs le suppliant, " que d'apprendre au gouvernement, aux
" magistrats, au public, qu'ils auroient le triste
" pouvoir des tyrans, celui de violer les loix;
" qu'en les défendant ils ne s'y soumettent pas;
" & que cette divinité terrible, sous laquelle
" les trônes même s'abaissent, la justice se-
" roit impunément méconnue, outragée dans
" le sanctuaire où se rassemblent ses pontifes. "
L'ordre peut-il être jaloux de cette distinction cruelle, de ce privilege déshonorant?

Voilà, SIRE, quelques-unes des raisons qui doivent convaincre Votre Majesté que l'exercice légal de sa puissance, exigé ici par la justice, n'aura rien de contraire à la vraie politique.

Dans le droit, assurément les avocats ne peuvent pas même avoir l'idée de s'y opposer. Dans le fait, ils en rougiroient, ou ils en trembleroient.

Ils ont déjà vu, sans même oser murmurer, l'arrêt du 28 juin; ils ont entendu en silence l'héritier de celui de tous les magistrats qui a le plus honoré le barreau, conclure à ce que le sieur Roblein fût inscrit sur un tableau, malgré le jugement porté par ses confreres, & le parlement l'ordonner: disputeroient-ils à Votre Majesté un droit dont le parlement de Paris a usé? & s'ils portoient jusques là la révolte, l'outrage qu'ils feroient alors au trône, deviendroit-il une raison pour les ménager? Votre Majesté ne se rappelleroit-elle pas alors ce que disoit en 1749 l'immortel d'Aguesseau, au sang de qui il appartenoit de venger les loix, trop long-tems oubliées parmi les ordres *d'avocats?* En s'expliquant sur des menaces faites à un parlement par une de ces compagnies, il disoit, *le plus grand des inconvéniens est de laisser mépriser impunément l'autorité, & de souffrir qu'il y ait un corps dans l'état qui se prétende indépendant de toute puissance* (*). Votre Majesté souffriroit-elle plus long-tems cette puissance rivale ou plutôt destructive de la sienne? Tout sujet qui prétend au droit de ne pas recevoir d'ordres, acquiert bientôt celui d'en donner. Le danger de

(*) *Oeuvres de M. le chancelier d'Aguesseau*, tome VIII, page 548, au mot *avocat.*

tolérer cette indépendance séditieuse seroit bien plus grand que celui de la réprimer.

Les avocats sont un corps, ou ils n'en sont pas un : s'ils n'en sont pas un, quels actes publics peuvent-ils faire en cette qualité ? Leurs assemblées ne sont que des attroupemens séditieux ; leurs délibérations, que des révoltes ; & leurs prétendues censures, que des diffamations. S'ils sont un corps, ils doivent donc être assujettis aux regles, aux loix que reconnoissent tous les corps, toutes les compagnies sans exception. Il faut qu'il y ait des ressources pour prévenir leurs méprises, ou pour les rectifier. Il seroit absurde, il seroit dangereux qu'il y eût dans un état policé, une association quelconque, sur laquelle l'autorité n'eût aucune prise, qui pût se jouer des loix même ; & si cette indépendance, cette suprématie arbitraire se trouvoit attachée à un fantôme, à un corps illusoire, sans caractere, sans vie légale ; si n'ayant point de registre pour constater ses délibérations, il pouvoit prendre des délibérations ; si n'ayant point de formes prescrites pour s'assembler, il pouvoit tenir des assemblées ; si n'ayant point de jurisdiction, il pouvoit exercer le droit de vie & de mort ; si cette chimere ne prenant de consistance que pour faire le mal, avoit la faculté de revenir à sa nullité, dès qu'il s'agiroit de le corriger : l'abus deviendroit bien plus absurde, & le danger plus pressant.

Leur état est libre, disent-ils : eh bien ! ils ne peuvent donc l'interdire à personne. La liberté est la jouissance de ses propres facultés ; elle n'eſt pas la deſtruction de celle des autres. Toute liberté qui prétend avoir droit d'enchaîner, eſt une tyrannie ; toute liberté qui ambitionne le privilege de condamner ſans examen, de flétrir ſans diſcuſſion, eſt un attentat à la ſûreté commune.

La menace de ceſſer les fonctions, SIRE, & de jetter par cette inaction les tribunaux dans l'impuiſſance, eſt une chimere. Après ce qui s'eſt paſſé en 1771, il n'y a rien à craindre en 1776. A cet égard, Votre Majeſté n'a plus à craindre de voir le barreau déſert ; & loin de redouter cette épreuve aujourd'hui, c'eſt peut-être le moment de briſer pour jamais ce coloſſe impérieux, dont toute la force conſiſte dans l'opinion qui lui en ſuppoſe.

Le public, éclairé par la diſcuſſion préſente, que les avocats ont néceſſitée, convaincu par l'indulgence qu'ils exercent d'une part, & la rigueur dont ils ſe piquent de l'autre, que ce n'eſt plus ni l'honneur, ni la vérité, qui dirigent leur police ; indigné de l'abſurdité de leurs maximes, & de la légéreté avec laquelle on le ſacrifie lui-même, verra déſormais un avocat dans tout homme chez qui il trouvera de l'honneur, du zele & des talens. Les orateurs de *Rome* & d'*Athenes* n'ont jamais eu d'autre *tableau*. Un cœur pur, une ame courageuſe, un eſprit éclairé, étoient les titres qui ouvroient alors la tribune ; & quiconque y étoit appellé par la voix publique, n'avoit à craindre en y montant, que de ne pas enflammer aſſez l'émulation de ſes rivaux.

Si une mutinerie criminelle vous y force enfin, SIRE, rendez à cette noble profeſſion ſes anciennes & vraies prérogatives : affranchiſſez-la de l'eſclavage gothique & honteux qui la flétrit parmi nous ; que le talent pur & courageux n'y ſoit plus un crime, ni la confraternité rampante un mérite ; que les loix y ſoient, comme dans les autres claſſes ſociales, la ſauvegarde des mains généreuſes qui leur conſacreront leurs efforts. Que le zele encouragé par l'accueil des magiſtrats y ſoit contenu par leur ſévérité ; qu'un avocat n'ait plus déſormais pour premier juge que ſon cœur, & pour confreres que les malheureux injuſtement opprimés, alors, SIRE, l'éloquence & la vertu brilleront au *palais* avec tout leur éclat ; & le regne de Votre Majeſté deviendra l'époque de l'âge le plus floriſſant qu'ait eu le barreau parmi nous.

Signé, LINGUET.

M[e] DE MIRBEK, avocat.

ERRATA.

Page 84, *lig.* 13, ou doit être pallié, *liſez*, doit être excuſé ou.
Page 91, *ligne derniere de la note*, feroit, *liſez*, faiſoit.

www.ingramcontent.com/pod-product-compliance
Ingram Content Group UK Ltd.
Pitfield, Milton Keynes, MK11 3LW, UK
UKHW020232220726
13923UKWH00002B/611